Gabriele Lindner (Hrsg.)

Abschied von Hans Modrow

Reden, Nachrufe und Kondolenzen

verlag am park

Inhalt

Vorbemerkung

Von Gabriele Lindner

Sein letztes Buch heißt »Brückenbauer«, es erschien 2021. Da war Hans Modrow 93 Jahre alt. In diesem Buch unternahm er eine persönliche Rückschau auf das Verhältnis zwischen der DDR und der Volksrepublik China, »nicht aus der Distanz, sondern mit Sympathie und Verständnis«.

Wenn Jemand sich über Etwas äußert, erfährt man immer auch etwas über den Menschen, der sich äußert. Über Hans kann man aus diesem Buch viel erfahren, darüber, was seine Persönlichkeit ausmachte. Mit Dorfschul- und einer Schlosserausbildung noch als Kanonenfutter in den »Volkssturm« des von Deutschland ausgelösten Zweiten Weltkrieges kommandiert, geriet er mit 17 Jahren in sowjetische Kriegsgefangenschaft. Angesichts der in der Sowjetunion hinterlassenen verbrannten Erde (»Ich sah, wie Deutsche gewütet hatten.«) war er bereit dem Angebot zu folgen, eine Antifa-Schule zu besuchen. Als Grunderlebnis aus dieser Zeit nannte er mir mehrfach: »Dort habe ich gelernt zu lernen.«

Und das bedeutete für ihn lebenslange Aufmerksamkeit für Menschen und Vorgänge, von denen bzw. aus denen er etwas lernen konnte. Diese Haltung bewahrte er sich als Politiker bis an sein Lebensende. Und das hatte nichts zu tun mit opportunistischer Anpassung.

Hans hat sich natürlich um formale Bildungsabschlüsse bemüht, also um systematisiert vorhandenes Wissen zu Bereichen, in denen er Verantwortung trug. Schließlich erwarb er den akademischen Grad eines Dr. oec., durchaus inspiriert von Fragen, die sich aus politischer Verantwortung ergaben. Er hat seinen akademischen Grad nie als Statussymbol vorgezeigt. Vielmehr ist er dabei geblieben, sich immer an von ihm wahrnehmbarer gesellschaftlicher Realität zu orientieren. Das trug ihm in der DDR auch Misstrauen ein, unter anderem in Gestalt einer hochkarätigen Untersuchungskommission im Auftrag des Politbüros.

Beeindruckend war jedenfalls sein Durchhaltevermögen gegenüber politisch agierenden Menschen, die nicht die Spur einer Lernhaltung vorzuweisen hatten. Nach dem Beitritt der DDR zur Bundesrepublik Deutschland wurde im Deutschen Bundestag Gesamtdeutschland auch von einer Fraktion der PDS repräsentiert, der Hans Modrow angehörte. Sieht man sich Protokolle der Sitzungen nach dem 3. Oktober 1990 an, ist man konfrontiert mit einer Mehrheit von Abgeordneten anderer Parteien, die aus der Überlegenheit des bundesrepublikanischen Systems eine persönliche Überlegenheit auch gegenüber dem Abgeordneten Modrow herleiteten und dem in übelster Weise Ausdruck verliehen. Das traf nicht nur ihn. Der PDS-Abgeordnete Prof. Gerhard Riege hat sich in Folge derart vorgetragener »Überlegenheit« das Leben genommen.

Lernen, dass sich die deutsche Welt verändert hatte und man darüber vieles noch nicht weiß, also lernen müsste? Fehlanzeige. Das betrifft allerdings nicht nur Politiker.

Analoges gilt nunmehr weltweit. Die bisherige Systemüberlegenheit des »Westens«, deren Zustandekommen nicht zu hinterfragen ist, gilt hier als Selbstverständlichkeit. Und anstelle des Ostblocks unter Führung der Sowjetunion gibt es nun den Hauptfeind China. Ein Feindbild bewahrt davor, etwas über eine andere als die eigene Welt zu lernen. Doch es enthält auch eine ungewollte Selbstauskunft. Die hat der türkisch-armenische Journalist Hrat Dink so formuliert: »Wenn du deine Identität nur durch ein Feindbild aufrechterhalten kannst, dann ist deine Identität eine Krankheit.« H. D. wurde 2007 in Istanbul ermordet von einem Mann mit klarem Feindbild.

Die Suche nach Brückenbauern wäre in dieser heutigen Welt durchaus eine Alternative, mehr noch: eine lebenserhaltende Notwendigkeit. Denn das Stockholmer Friedensforschungsinstitut SIPRI stellte fest, dass 2022 die globalen Militärausgaben um 3,7 Prozent auf die unvorstellbare Summe von 2.240 Milliarden US-Dollar gestiegen sind.

Es gab einst auch in der Bundesrepublik Deutschland besonnene und vernünftige Politiker, die sich in den gefährlichen Zeiten des Kalten Krieges nicht vom simplen Feindbild-Denken leiten ließen und statt auf Konfrontation auf Kommunikation setzten. Einer von ihnen war Egon Bahr, bis an sein Lebensende befreundet mit Hans Modrow.

Weggefährten und Freunde. Im Büro von Egon Bahr im Willy-Brandt-Haus, 29. April 2015

Das hier vorgelegte Buch mit Erinnerungen an Hans wurde zusammengestellt von mit ihm eng verbundenen Menschen, dem Leiter der Modrow-Stiftung Torsten Hochmuth, seinem Verleger Frank Schumann und seiner engsten Mitarbeiterin Evi Nowitzki. Ihnen gilt mein besonderer Dank, sowie den vielen anderen Menschen, die mit ihren Erinnerungen an Hans Modrow zu diesem Buch beigetragen haben.

Trauerreden

Letztes Wort für Hans M.

Am 9. März 2023 erfolgte die Beisetzung der Urne auf dem Dorotheenstädtischen Friedhof an der Chaussee-straße in Berlin-Mitte. Dort fanden schon viele namhafte Persönlichkeiten ihre letzte Ruhe, darunter Freunde, Weggefährten und Zeitgenossen wie etwa Egon Bahr. Der Abschied fand im Kreis der Familienangehörigen statt. Die letzten Worte sprach Modrows Freund und Verleger Frank Schumann.

Vor diesem Tag haben wir uns gefürchtet. Aber wir wussten, dass er kommen wird.

Hans erinnerte mich daran. Das ist schon Jahre her.

Wir fuhren durch die Stadt, schweigend, und plötzlich meldete er sich vom Beifahrersitz: »Du musst die Trauerrede halten.«

»Hans«, sagte ich, »ich bin kein Redner«.

»Ich auch nicht. Aber einer muss die letzten Worte sprechen.«

»Hans, das letzte Wort spricht die Geschichte.«

Er schwieg.

Dann hob er wieder an. »Trotzdem …«

Gelegentlich kam er darauf zurück. Zum letzten Mal mitten auf der Palisadenstraße. Das war, meine ich, im letzten Sommer. Wir hatten uns in dem vietnamesischen Bistro mit einem Wissenschaftler getroffen. Es ging um eine zweite Konferenz. Bei der ersten sprachen wir über China. Ein Dutzend Experten. Danach gab es ein Buch. Zunächst auf Deutsch, dann die Übersetzung in China. Das Echo dort wie auch hier war gut.

Jetzt saßen wir zu dritt über einem Konzept für diese zweite Konferenz der Modrow-Stiftung. Die Vorlage war nicht gut. Zu verkopft, zu akademisch.

Hans aß still seine gebackene Banane in Honig.

Er kaute lange.

Ihm schmeckte das Papier sichtlich nicht.

Wir verabredeten einen neuen Termin.

Und mitten auf der Straße fing er wieder davon an.

Ich müsse …

Irgendwie stand er unter Druck, seine Dinge ordnen zu müssen.

Die Ärzte kümmerten sich in letzter Zeit etwas intensiver um ihn. Man sah es ihm an, dass es ihm nicht gut ging. Wenn wir uns beim Abschied umarmten – was neu war: in all den Jahren zuvor gab es diese körperliche Nähe nie –, also wenn wir uns in den Armen lagen, spürte ich, wie mager er inzwischen war. Er hatte merklich Gewicht verloren. Seine rote Trainingsjacke mit dem Schriftzug 1. FC Union hing schlaff von der schmalen Schulter.

Dass er so insistierte, entsprach seinem Naturell. Er plante alles. Hans war ein Stratege. Wenn wir uns trafen, hatte er stets einen Zettel vor sich liegen.

Erstens, zweitens, drittens …

Weltlage, Partei, Persönliches.

Unsere intensivste Zeit war, als der Verlag in der Torstraße arbeitete. Das Bürogebäude lag nur wenige

Meter vom Karl-Liebknecht-Haus entfernt. Wenn er dort seine Dinge erledigt hatte, kam er anschließend vorbei. Mindestens einmal in der Woche. Oft lud er den soeben erfahrenen Ärger ab. Manchmal, als Corona herrschte, kam er auch, um an den Video-Konferenzen des Bundesausschusses teilzunehmen.

Aber meistens unterhielten wir uns über Gott und die Welt, über Buchprojekte und was man noch alles machen müsste. Wozu er sich noch erklären wollte. Welche Post noch zu beantworten war. Zu welcher Beerdigung wir fahren müssten. Und mit wem wir noch reden sollten. Bevor es zu spät wäre.

Seit Jahren, wenn nicht seit Jahrzehnten trieb ihn die Tatsache um, dass ihn die Nachrichtendienste beider deutscher Staaten auf dem Zettel gehabt hatten. Der Bundesinnenminister hatte es ihm 2013 schriftlich gegeben. Bis zum Vorjahr – und das seit 1956 – hatten BND und Verfassungsschutz Akten über ihn angehäuft.

Die wünschte Hans zu sehen.

Er wollte sich nicht als Opfer stilisieren, wie es so viele taten. Er wollte lediglich einen ehrlichen Umgang mit der deutsch-deutschen Geschichte. Hans widersetzte sich der seit 1990 vorherrschenden Lesart: Die DDR war ein Unrechtsstaat – die BRD hingegen das Land der Freien und der glücklichen Demokraten. Unrecht war auf beiden Seiten der Mauer geschehen.

Der Rechtsstaat hielt ihn lange hin.

Im Februar 2018 kreuzten sich die Klingen. Zunächst hatte man in einem kleinen Saal im Bundesverwaltungsgericht in Leipzig verhandeln wollen. Angezeigt war »Dr. M. gegen die Bundesrepublik Deutschland«. Man hielt den Ball flach. »Dr. M.«

Wir machten die Sache publik. Es kamen sehr viele Menschen. Also wurde in den großen Saal ausgewichen.

Es war eben jener holzgetäfelte Raum, in welchem 1933 der Reichstagsbrand-Prozess gegen Dimitroff & Co. stattgefunden hatte.

Und der Kalender zeigte zufällig den 27. Februar. Jener Tag, an dem die Nazis vor 85 Jahren den Reichstag angezündet hatten. Ein geschichtsträchtiger Ort, ein geschichtsträchtiges Datum.

Die vier Herren vom Bundesnachrichtendienst auf der Beklagtenseite durften nicht fotografiert werden.

In der Verhandlungspause, befreit von seiner karmesinroten Robe, sagt der Richter zu Hans: drei Minuten. Höchstens. Und nur zur Sache. Wenn Sie politisch werden, entziehe ich Ihnen sofort das Wort.

Wir steckten die Köpfe zusammen.

Riskierten wir den Skandal?

Und nun kam wieder der alte Fuchs zum Vorschein.

»Ich sage drei Sätze und gebe unsere vorbereitete Erklärung zu Protokoll. Da ist sie offiziell und kann in der Presse zitiert werden.«

Und so geschah es.

Hans, der erste Ostdeutsche überhaupt, der auf Einsicht in die von westdeutschen Geheimdiensten gesammelten Spitzelberichte geklagt hatte, gewann den Prozess.

Fortan kamen in regelmäßigen Abständen die geschwärzten Papiere aus Pullach.

Daraus wollte Hans das nächste Buch machen.

Es beschäftigte ihn bis zum Schluss.

Gemeinsam wälzten wir staubige Papiere bei der BStU. Gemeinsam fuhren wir nach Pulsnitz, besuchten dort Paul Bormann. In den achtziger Jahren war der stellvertretender Leiter der Dresdner Bezirksverwaltung des MfS gewesen. Er wurde gegangen, als Schild und Schwert mit Wanzen zu hantieren begannen, die man Hans in den Pelz setzen wollte. Paul hatte das Zeug zum Whistleblower und war obendrein mit Hans befreundet.

Hans fing ihn auf, als Paul flog. Brachte ihn im Archiv der Bezirksleitung der Partei unter.

Wir trafen Paul in seinem Hutzelhäuschen zwischen Katzen, Karnickeln und Tomatensetzlingen. Auf Fensterbänken, Tischen und Regalen standen hunderte Töpfchen, in denen es keimte. Es war Frühling und die Stimmung heiter und gelöst.

Letzter Gang auf dem Dorotheenstädtischen Friedhof

Wir sprachen darüber, wie die Akten am 5. Dezember '89 über die Bautzner Straße getragen wurden. Von der Bezirksverwaltung rüber zur Dependance des KGB in der Angelikastraße. Dort war seit 1985 auch ein Hauptmann Putin tätig. Alle Mitarbeiter hießen »Wladimir«. Der hieß auch wirklich so. Sein Chef hieß Oberst Lazar Matwejew, er war ein Jahr älter als Hans.

Als Matwejew 90 wurde, schenkte ihm Putin eine Uhr. Hans bekam nicht einmal seine Akte … Die russische Botschaft beschied ihm, in Moskau habe man keine Unterlagen von oder über ihn gefunden. Nun ja.

Paul und Hans hatten sich seit über zwanzig Jahren nicht gesehen – seit ihrem letzten konspirativen Treffen im Wald bei Moritzburg. Konspirativ deshalb, weil ein vertrauliches Gespräch zwischen dem Oberst des MfS a. D. und IM des KGB Paul Bormann und dem Ex-

DDR-Ministerpräsidenten und nunmehrigen Abgeordneten des Deutschen Bundestages damals immer noch eine Schlagzeile wert gewesen wäre.

Wenn man denn von der Begegnung erfahren hätte.

Paul erzählte, Hans fragte. Ich ließ das Band laufen.

Dann zeigte uns Paul noch seine Kaninchen.

Deutsche Riesen mit langen Schlappohren.

Paul hielt so einen Kaventsmann am gestreckten Arm lachend in die Höhe. Hans staunte.

Später, als wir bei Spargel und Schnitzel allein in einer Waldschänke saßen, sagte er: »Der Paul ist nicht glücklich, seit seine Frau tot ist.«

Ich hatte nichts bemerkt. Hans schon. Er war ein aufmerksamer Beobachter. Und Menschenkenner.

Nicht zum ersten Mal hörte ich seinen Befund nach einer Begegnung. Er dachte oft lange nach. Dann kam das Urteil. Präzise und prägnant, ein Satz nur. Und der stand wie in Stein gemeißelt.

Paul Bormann ist schon einige Jahre tot.

Auch Hans ist nun nicht mehr. Beide gehörten zur Aufbaugeneration, die erleben musste, wie das, was sie geschaffen hatte, abgerissen und niedergemacht wurde. Wie Niedertracht die Oberhand gewann.

Als Kohl nach Dresden kam, damals im Dezember '89, wollte der Dicke aus Bonn nicht wissen, wie sich Hans Modrow die deutsch-deutsche Zukunft vorstellte. Ihn interessierte, wann dieser das Brandenburger Tor in Berlin öffnete.

Die Grenze war wenige Tage, bevor die Volkskammer Hans zum Ministerpräsidenten gewählt hatte, geöffnet worden. Chaotisch, unvorbereitet. Mit Hans wäre es vermutlich geordneter abgegangen.

Als die Mauer fiel, wie der Vorgang bald hieß, war Kohl in Warschau. Er war nicht im Bild. Er brauchte Fotos fürs Geschichtsbuch. Er vorm Brandenburger Tor. Als hätte er selbst den Steinwall niedergerissen, wozu US-Präsident Reagan zwei Jahre zuvor an eben jenem Ort Mister Gorbatschow aufgefordert hatte.

Reagan war inzwischen nicht mehr Präsident, der hieß jetzt Bush, und Gorbatschow hatte auch keine Ahnung, was da am 9. November 1989 in Berlin geschehen war. Später kungelte er mit Kohl, hinterm Rücken von Hans, dem DDR-Premier und wichtigsten Mann in Berlin.

Es ist das große Verdienst von Hans, erstens für Gewaltlosigkeit und zweitens für geordnete Verhältnisse im Übergang gesorgt zu haben. Die *Berliner Zeitung* überschrieb ihren bemerkenswerten Nachruf mit der Zeile: »Der Letzte, der die Ostler vor dem übergriffigen Westen schützte.«

Das tat er.

Was ihm zwar viele Ostdeutsche, aber eben nicht alle Linken dankten. Für manche und manchen hat Modrow die Übergabe der DDR an das Kapital vorbereitet, den Staat der Arbeiter und Bauern verraten und verkauft.

Der Basar befand sich allerdings in Moskau, nicht in Berlin. Den Kuhhandel besorgten Kohl und Gorbatschow, und Bush zog die Fäden. Hans Modrow und seine Regierung trugen zähneknirschend der Realität

Rechnung und versuchten mit weit über hundert Gesetzen und Verordnungen das Schlimmste für die DDR-Arbeiter und -Bauern sowie Wissenschaftler zu verhüten. Dass es nur in Maßen gelang, ist nicht Hans anzulasten, sondern dem westdeutschen Kapital und seinen Erfüllungsgehilfen in West wie Ost.

Das wird eines Tages über ihn in den Geschichtsbüchern stehen.

Hoffentlich!

Hans Modrow am Grab seiner Tochter Irina,
15. Februar 2017

»Garant des friedlichen Übergangs«

Am 15. März 2023, eine Woche nach der Urnenbeisetzung, erfolgte die Trauerfeier. Unter den vielen Menschen, die sich von Hans Modrow im Münzenbergsaal verabschiedeten, waren auch Altbundeskanzler Gerhard Schröder und dessen Frau sowie Egon Krenz.
Nach der kurzen Begrüßung durch Frank Schumann, der Hans Modrow als den wohl am meisten unterschätzten Staatsmann in der deutschen Geschichte bezeichnete, sprach als Erster Dietmar Bartsch, Ko-Vorsitzender der Fraktion der Partei DIE LINKE im Bundestag.

Wir nehmen Abschied von Hans Modrow. Hans wurde im Januar 1928 in Jasenitz im heutigen Polen geboren. Er war ein Zeuge des Jahrhunderts. Hans Modrow war ein Mitgestalter des Jahrhunderts, wie die beeindruckenden Bilder und auch das so eben gezeigte Interview überzeugend gezeigt haben.

Was für ein Lebensweg!

Aus dem sowjetischen Kriegsgefangenen und Antifa-Schüler wurde ein standhafter Sozialist, Gesellschaftswissenschaftler und promovierter Ökonom, aus dem Arbeiterkind und Schlosserlehrling der vorletzte Ministerpräsident der DDR.

Einst Komsomol-Hochschüler und Jugendfunktionär der ersten Stunde, wurde Hans zu einem Abgeordneten der Volkskammer der DDR und zu einem Abgeordneten des Deutschen Bundestages. Aus dem pommerschen Jungen wurde ein Mitglied des Europäischen Parlaments, ein geschätzter Gesprächspartner in Russland und Kuba, in Tschechien und China, in Nord- und in Süd-Korea, in Japan, Südafrika und anderswo.

Hans Modrow bleibt uns allen in Erinnerung als ein nahbarer Politiker und bodenständiger Internationalist. Ihn konnte man in der Kaufhalle und beim Wandern in der Sächsischen Schweiz treffen – und ansprechen.

Seine Regierung nannte er eine »Regierung der nationalen Verantwortung«.

Stets verstand er sich als ein ostdeutscher Politiker, in diesem Landstrich verwurzelt und hier mit den Menschen verbunden.

Eine verengte Sicht war seine Sache nicht: Er bereiste nahezu alle Regionen der Welt, war neugierig auf die Lebensweise der Völker auf dem Globus.

Hans Modrow zeichneten die wohl wichtigsten Eigenschaften eines Politikers aus: Geradlinigkeit und Glaubwürdigkeit. Das gereichte ihm im Übrigen nicht immer zum Vorteil. Sein Platz war oft der zwischen den Stühlen – von den eigenen Oberen misstrauisch beäugt und später auch vom bundesdeutschen Nachrichtendienst über Jahrzehnte beobachtet.

Entgegen der in der DDR üblichen Bewegungsrichtung schickte ihn die SED-Führung von Berlin nach Dresden. Er wurde sozusagen weg-befördert.

Später, mit seiner Initiative »Deutschland einig Vaterland« stieß er Anfang 1990 auf Ablehnung in Bonn, auf Skepsis in der Parteizentrale und auf unterschiedliche Bewertungen in der Bevölkerung und in seiner Partei. Und auch ich fand diese Idee damals auch ziemlich furchtbar. In der Bundesrepublik wurde aus dem Hoffnungsträger schnell ein Schurke. Für ihn hieß es: Strafrente statt Bundesverdienstkreuz!

Ich erlebte Hans Modrow das erste Mal auf dem außerordentlichen Parteitag der SED Ende 1989. Wie die meisten Delegierten setzte auch ich größte Hoffnungen in den damaligen Ministerpräsidenten, der wahrlich nicht um sein Amt zu beneiden war.

Was für die einen zu weit ging, griff für die anderen viel zu kurz.

In seiner nächtlichen, sogenannten Geheimrede wandte sich Hans gegen Forderungen nach Auflösung der Partei. Emotionen, verbunden mit pommerscher Sachlichkeit, waren Kern seiner Rede. Die Forderungen damals nach Auflösung der Partei waren überhaupt nicht aus der Luft gegriffen und der eine oder andere ist hier heute dabei, der noch weiß, wie das damals war.

Hans erklärte damals: »Wenn … dieses Land nicht mehr regierungsfähig bleibt, weil mir, dem Ministerpräsidenten der Deutschen Demokratischen Republik, keine Partei zur Seite steht, dann tragen wir alle die Verantwortung dafür, wenn dieses Land untergeht.«

Wir alle hier im Saal kennen den weiteren Verlauf der Geschichte.

Ja, Hans Modrow war ein Ministerpräsident des Übergangs. Doch er war kein Premier der Übergabe. Der friedliche Weg zur deutschen Einheit, das hat

Frank eben schon gesagt, war sehr wesentlich ihm zu verdanken. Der eine oder andere wird sich erinnern an den 15. Januar, den Sturm auf die damalige Stasi-Zentrale, mit all den Risiken, die damals waren.

Dieser friedliche Weg, das wird sein politisches Vermächtnis bleiben.

Er wollte, dass die Ostdeutschen erhobenen Hauptes in das geeinte Deutschland gehen. Das Interview*, das wir gehört haben, war noch einmal ein beredter Beweis. Zusammen mit seiner Wirtschaftsministerin Christa Luft und anderen strebte Ministerpräsident Hans Modrow so lange es irgend ging eine deutsch-deutsche Zusammenarbeit an, eventuell in einer Vertragsgemeinschaft oder Konföderation.

Die *Berliner Zeitung* nannte Hans Modrow dieser Tage »einen Garanten des friedlichen Übergangs«. Er sei der Letzte gewesen, »der die Ostler vor dem übergriffigen Westen schützte«. Das sogenannte Modrow-Gesetz kann ich hier als eines von vielen Beispielen nennen. Es erlaubte den Ostdeutschen – die in der Regel vergleichsweise arm dran waren – die Grundstücke ihrer Häuser weit unter dem Marktpreis zu erwerben.

Bis in jüngere Tage hörte Hans deshalb, wenn er mit der U-Bahn von der Karl-Marx-Allee zum Karl-Liebknecht-Haus fuhr: »Danke, Herr Modrow, wegen Ihnen konnten wir unser Zuhause behalten.«

Da war er immer auch ein bisschen stolz darauf.

Und die schon erwähnte nächtliche Parteitags-Rede markiert, was Hans Modrow auch beharrlich verfolgte: Den Erhalt der sozialistischen Idee – eine demokratische, friedliche, gerechte Gesellschaft mit Chancengleichzeit für alle.

Dass wir heute eine Partei des Demokratischen Sozialismus haben, ist ohne das Wirken von Hans Modrow undenkbar. Es ist sein historisches Verdienst.

Hans war durch und durch Analytiker. »Bauch-Entscheidungen« waren ihm sehr suspekt. Deshalb blieb er der Rosa-Luxemburg-Stiftung stets eng und aufmerksam verbunden, deshalb gründete er mit die Modrow-Stiftung, deshalb forderte er beharrlich solide Bildungsarbeit in der Partei.

Über zwanzig Bücher hat er seit der Wende geschrieben oder herausgegeben. Und immer hat er auch den Gedankenaustausch mit dem »Ostdeutschen Kuratorium von Verbänden« gesucht, auch das war in den Bildern sichtbar.

Hans Modrow war mit ganzem Herzen Parteipolitiker. Nur wenige wussten so präzise, wie eine Partei tickt, was sie im Innern zusammenhält und auch was sie zu sprengen droht.

Hans war Ehrenvorsitzender der PDS und viele Jahre an der Spitze des Ältestenrates der Partei.

Er mischte sich ein. Freundlich im Ton, aber immer auch sehr konsequent in der Sache.

Einer, der Verantwortung suchte, annahm und sehr ernst nahm. Er blieb unbeirrt, auch wenn einige dem ehrenwerten Gremium der Alten eher herablassend denn achtungsvoll gegenübertraten.

Nicht ohne Bitterkeit blickte Hans im Januar vorigen Jahres in seinem politischen Testament** auf die

Verfasstheit der LINKEN, meiner Partei. Er schrieb: »Die Folgen des Scheiterns der Linkspartei werden ganz Deutschland und die europäische Linke insgesamt treffen. Das eine wie das andere ist irreparabel. Dessen sollten wir uns bewusst sein!«

Diese Worte gelten gerade heute. Leider. Sie zu beherzigen, das sind wir Hans schuldig, auch Genossen wie Lothar Bisky, Michael Schumann oder Gerhard Riege.

Ich hatte in den vergangenen dreißig Jahren sehr, sehr viele Begegnungen mit Hans, Frank hat darauf hingewiesen. Stets traf ich ihn – immer pünktlich auf die Minute und ganz präzise vorbereitet.

Sein »1. – 2. – 3. …« ist legendär. Und selbst wenn etwas unter 2. etwas ausschweifend behandelt worden ist, geriet ihm 3. nicht aus dem Blick!

Smalltalk war seine Sache nicht. Ebenso wenig, wie er ein Mensch der schenkelklopfenden Ausgelassenheit war, wobei er schon ein Freund verschmitzter Heiterkeit und auch mitunter feiner Ironie war. Und weil er ein lebensnaher und kulturvoller Mensch war, zählt er eben auch zu den Gründern des Fußballklubs Union Berlin – heute sind da ja viele Freunde, wo Union oben steht. Aber früher war das nicht so üblich, da war es noch sehr leer beim 1. FC Union im Stadion an der Alten Försterei.

Und er zählt zu den Initiatoren des Wiederaufbaus der Dresdner Semperoper, auch daran gehört erinnert.

Hans war ein Mensch größter Disziplin. Er forderte diese von sich selbst und von anderen und forderte das auch ein.

Hans Modrow und Dietmar Bartsch am 95. Geburtstag,
27. Januar 2023

Als der Hobby-Pilot Gregor Gysi damals den Vorsitzenden Lothar Bisky mitnahm zu seinem ersten Flug – man berichtet übrigens, dass die beiden den ganzen Flug über sehr ruhig gewesen sein sollen –, da war es so, dass das Hans überhaupt nicht lustig fand und Lothar Bisky und Gregor Gysi zu sich zitierte. Und auch da war es so, dass Lothar gar kein Wort sagte und Gregor fast keines, weil Hans sie beide sehr ins Gebet genommen hat.

Mit Hans war trefflich zu streiten.

Wir waren oft, aber wahrhaftig nicht immer einer Meinung. Bis in die jüngste Vergangenheit war das so. Wenn ich da auch an seinen Geburtstag denke, da haben wir durchaus noch das eine oder andere kontrovers diskutiert. Ich kann nur sagen: mir hat das nicht geschadet, im Gegenteil. Mich hat das mit geprägt – durch seine Politik, durch seine Haltung.

Als »Nordlichter« einte uns, dass Leidenschaft nicht zwingend mit Hitzköpfigkeit einhergehen muss.

Um einen typisch Modrow'schen Satz zu zitieren: »Knatsch haben alle, es kommt darauf an, was man daraus macht.«

Wir hatten kein Interesse daran, dass DIE LINKE vor allem wegen inneren Streites in die Medien kommt.

Apropos Medien: Im DDR-*ND* und in der *Aktuellen Kamera* tauchte Hans eher selten auf.

Die bundesdeutschen Medien feierten ihn bis '89 als »Gorbatschow aus Dresden«. Und sehr schnell danach war er der »Ewiggestrige«. Letztlich hatten sie es alle ziemlich schwer mit ihm: Da waren keine zweideutigen Äußerungen und schon gar keine Affären oder Skan-

Altkanzler Schröder und Frau sowie Gabriele Lindner

dale. Das zeichnete ihn aus und das hat ihn auch so sympathisch gemacht.

Buchstäblich bis zum letzten Atemzug blieb Hans ein politischer Mensch. Auch bei unserer letzten Begegnung zu seinem 95. Geburtstag konnte ich mich davon überzeugen. Er war besorgt und bestürzt über die internationalen Entwicklungen – vor allem mit Blick auf Osteuropa, die Ukraine, aber auch den Nahen Osten. Er gehörte doch jener Generation an, die Krieg noch selbst erlebt hat und deswegen war er hier noch in einem viel höheren Maß sensibel als andere. Er war zeitlebens ein Friedenspolitiker und bestürzt, dass auch in Europa wieder ein Krieg tobt.

Und selbstverständlich winkte er mich auch bei unserer letzten Begegnung noch einmal zu sich heran und sagte, dass wir beide nochmal zu zweit reden müssten, und ich habe auch zwei Aufträge erhalten, die ich aber nun leider nicht mehr realisieren kann.

Am Ende seiner Tage war Hans mit sich im Reinen. Über fünfzig Jahre währte seine Ehe mit Annemarie. Das Paar hatte zwei Töchter. Im Herbst seines Lebens war Hans stolz auf drei Enkel und vier Urenkel. Und er fand Liebe und neues Glück an der Seite von Gabriele. Sie war ihm geistige Partnerin und auch Reisegefährtin, was er sehr genossen hat.

Aber man darf auch die schweren Stunden nicht verschweigen: 2003 musste Hans seine Annemarie zu Grabe tragen. 2017 musste er Abschied nehmen von seiner Tochter Irina, mit der er noch einmal die Orte seiner Kindheit und Jugend besuchte.

Wir nehmen Abschied von Hans Modrow. Wir verneigen uns vor ihm und seinem Lebenswerk. Wir drücken seinen Angehörigen die Hand.

In der Stunde des Abschieds und der Trauer gibt es Trost darin, wie Hans Modrow selbst seine Lebensbilanz gezogen hat und ich zitiere ihn: »Da gibt es ein sehr glückliches Leben, völlig unabhängig von der Politik, die Hochzeit, die Familie, die Kinder und Urenkel. Ich kann sagen, mit mir hat es dieses Leben gut gemeint.«

Danke Hans!

Du fehlst bereits jetzt.

Wir werden dich nicht vergessen.

---

* Vor den Reden war ein Interview gezeigt worden, das Wolfgang Korruhn (1937-2003) – mit Hans Modrow auf der Treppe im Karl-Liebknecht-Haus sitzend – mit dem Ministerpräsidenten der DDR geführt hatte

** Hans Modrow hatte an die beiden Parteivorsitzenden Wissler und Henning Wellsow im Januar 2022 einen Offenen Brief geschrieben, der zunächst von der *jungen Welt*, dann vom *neuen deutschland* veröffentlicht worden war. Der Text wird am Ende des Buches noch einmal publiziert.

Er duldete kein Abrücken vom Gründungskonsens der Partei

Christa Luft, Wirtschaftsministerin im Kabinett Modrow und 1. Stellvertreterin des Premier, ergriff als Zweite das Wort

In Hochachtung vor seiner Lebensleistung, vor seinem Politikverständnis und seiner Herzenswärme verabschiede ich mich in dieser Gedenkstunde traurig von dem Menschen, dessen enge Wegbegleiterin ich in den politisch turbulenten Jahren 1989/90 und auch danach sein durfte.

Mein Traum war es nie gewesen, mal in ein Regierungsamt zu kommen. Als Hans, von der Volkskammer mit der Bildung eines neuen Kabinetts beauftragt, mich zu einem Gespräch einlud und wir uns das erste Mal trafen, da kannten wir uns noch gar nicht persönlich, aber ein beiderseitiges Urvertrauen war von Anfang an da. Er wollte, dass ich seine Erste Stellvertreterin und zwar für den Bereich Wirtschaft werde.

Ich war geschockt, war wie gelähmt. Erwartet hatte ich lediglich die Antwort auf mein schriftliches Angebot als Rektorin der HfÖ*, dass wir bereit wären, ihn, falls gewünscht, zu beraten. Und nun dieser Hammer! Ich machte allerhand Gründe geltend, warum das nicht geht, erbat mir Bedenkzeit, weil ich ahnte, was das für mich, vor allem aber für meine Familie bedeuten würde.

Hans blieb ganz ruhig. Auf einen meiner Einwände – er war zugegeben der hilfloseste –, ich hätte drei Männer zu Hause, die wollten abends was zu essen haben und wir hätten dann vielleicht kein Stück Brot im Kasten, sagte er in seiner unnachahmlich umwerfenden Art: »Da mach dir keine Gedanken: Im Haus des Ministerrates gibt es eine Kantine, da gehst du in der Pause hin und kaufst ein Brot.«

Nach einem etwa zwanzigminütigen Gespräch – vor der Tür warteten bereits andere Bestellte, es ging um Koalitionsverhandlungen – wollten wir in Kontakt bleiben. Ich hatte nicht laut »Ja« gesagt, aber auch nicht unmissverständlich »Nein«.

Und so stand ich dann am übernächsten Tag auf der Kandidatenliste für den Ministerrat, wurde von der Volkskammer gewählt und war Regierungsmitglied. So hektisch waren die Zeiten damals, in denen Hans die Nerven behielt und mit klarer politischer Überzeugung ruhig und fester Hand agierte.

Ich hatte im Leben etliche Chefs – aber keinen wie diesen. Hans erwartete nicht nur von seiner Mannschaft vollen Einsatz und hohe Leistung, sondern forderte dies zuoberst von sich selber, oft bis zur Askese. Er empfand Rat nicht als unerbetene Einmischung in seine Verantwortung, sondern erbat ihn ausdrücklich.

Er war reformorientiert und angetreten, jahrzehntelange lähmende Verkrustungen in Wirtschaft und Gesellschaft der DDR aufzubrechen und überfällige Veränderungen einzuleiten. Vom Zentralen Runden Tisch nahm er acht Vertreter der Opposition in sein Kabinett auf und stabilisierte so die hochkochende politische Lage. Auch das war eine Premiere. Diese Abgesandten nahm er Mitte Februar 1990 in einer Regierungsdelegation mit zu Beratungen mit dem Bonner Kabinett.

Als DDR-Ministerpräsident warb Hans dort für ein Zusammenwachsen beider deutscher Staaten in einem mehrjährigen Prozess bei Sondierung dessen, was an zukunftsfähigen DDR-Potentialen und -Erfahrungen eingebracht werden kann und was auch in der BRD überkommen und veränderungsbedürftig ist.

Das empfanden Bundeskanzler Kohl und die anderen BRD-Oberen als Anmaßung. Entsprechend fiel das Treffen beider Regierungen aus.

Bis heute erinnern sich ostdeutsche Männer und Frauen an das beschämende, im Fernsehen dokumentierte überhebliche Verhalten der Kohl-Mannschaft mit den D-Mark-Zeichen in den Augen gegenüber den Landsleuten aus dem Osten. Das bot einen Vorgeschmack auf das, was viele Ostdeutsche dann im Vereinigungsprozess selber erlebten.

Hans Modrow parierte die Anwürfe souverän und mit Würde, wie selbst einige bundesdeutsche Medien das damalige Geschehen kommentierten.

Von meinem letzten Zusammentreffen mit Hans am 16. Januar diesen Jahres sind mir zwei Probleme in besonderer Erinnerung, die ihn umtrieben, und ich werde nicht vergessen, wie es ihn quälte, wegen schwindender Kräfte nichts mehr zur Lösung beitragen zu können: Da war das Abrücken seiner Partei vom Gründungskonsens der Linken, der das Eintreten für einen

Systemwechsel beinhaltete. Oft hatte er – allerdings vergeblich – öffentlich vor einem Einknicken gewarnt. Und ihn bewegte der blutige Einmarsch in die Ukraine, befehligt von der Führung des Landes, dem er sich zeitlebens verbunden gefühlt hatte. Eine bittere Enttäuschung, wenn es ihm auch wichtig war, die Vorgeschichte solchen völkerrechtswidrigen Geschehens nicht auszublenden.

Zu Hans' Vermächtnis gehört der Rat, die Geschichtskenntnis der Jugend und den geistigen Austausch zwischen den Generationen zu intensivieren.

Lieber Hans, du hättest uns noch so viel zu sagen. Ich danke dir zum Abschied für deine zeit- und problemüberdauernde Verbundenheit, die ich sehr geschätzt habe. Du wirst fehlen und bleibst unvergessen.

Adieu, Hans, valet i do swidanija!

---

* Hochschule für Ökonomie in Berlin-Karlshorst, deren Rektorin Christa Luft von 1988 bis 1990 war. Die HfÖ wurde 1991 abgewickelt. Christa Luft gehörte dem Bundestag von 1994 bis 2002 an. Sie gewann mit 44,4 bzw. 42,2 Prozent der abgegebenen Stimmen ein Direktmandat.

Uneitel und bescheiden

Die Schriftstellerin Daniela Dahn erinnerte sich als Nächste an ihre Begegnungen mit Hans Modrow

Wer mit Hans Modrow einmal zu tun hatte, hatte immer wieder das Bedürfnis, sich vertrauensvoll an ihn zu wenden. Ich möchte hier an meine erste und letzte Begegnung mit ihm erinnern.

Die erste war noch indirekt. Anfang der 80er Jahre, ich war eine junge Autorin, kam nach einer Buch-Lesung ein Mann mittleren Alters auf mich zu, der sich als Hausmeister eines Dresdner Kindergartens vorstellte. Meine Geschichten hätten ihn ermutigt, mir sein Leid über die schikanöse Behandlung durch all die Frauen dort zu klagen. Er hatte einen Stapel nicht beachteter Eingaben und Briefe dabei. Ich war völlig überfordert. Ich dachte, wenn er auf den unteren Ebenen nicht klar kommt, muss das eben ans Büro Modrow gehen. Ich schickte die Unterlagen mit ein paar Zeilen hin, hatte mich der Sache entledigt, ohne besonders zuversichtlich zu sein. Doch nach einiger Zeit kam ein Dankes-Briefchen des Hausmeisters – die Bezirksleitung habe hilfreich schlichtend eingegriffen. So wünscht man sich das.

Manche Schlichtung war schwieriger. Das nach Modrow benannte Gesetz, nachdem DDR-Bürger erstmalig das von ihnen genutzte, volkseigene Grundstück zu

DDR-Preisen kaufen konnten, hat es immerhin in den Einigungsvertrag geschafft. Hunderttausende, waren ihm dafür dankbar, auch ich.

Seit Januar 1990 lag der Modrow-Plan für eine Vertragsgemeinschaft auf dem Tisch von Kanzler Kohl: Maximale Zusammenarbeit ohne die Strukturen in beiden Teilen zu verändern – ein Land, zwei Systeme. Das war seine Idee. Anfang Februar zeigten die Umfragen für die Wahlen am 18. März immer noch eine absolute Mehrheit der Ost-SPD, auch PDS und selbst die Bürgerbewegung hatten ganz ordentliche Werte.

In dieser Situation hatte man sich in der CDU-Führungsspitze offenbar darauf verständigt, dass das Ruder nur noch herumgerissen werden kann, wenn man auf die ganz große Pauke haut. Kohls engster Berater im Kanzleramt, Horst Teltschik, gab am 9. Februar eine alarmierende Pressekonferenz, die das drohende Chaos in der DDR herbeifantasierte: Drastischer Verfall der Autorität der Modrow-Regierung, die DDR wird in wenigen Tagen völlig zahlungsunfähig sein, die Übersiedlerzahlen würden weiter steigen. »Es ist, als ob ich in ein Wespennest gestochen hätte«, schrieb Teltschik in sein Tagebuch.

Dieser Stich kam nachträglich betrachtet der Volksverhetzung schon recht nahe.

Die ersten beiden Punkte waren maßlos übertrieben, der dritte korrekt, aber durch permanente Übertreibung beeinflusst. Die Medien standen Kopf. *Der Spiegel* war bei der Panikmache ganz vorn. Woher hatte er die wörtlichen Zitate vom Vieraugengespräch zwischen Helmut Kohl und Hans Modrow am Rande des Weltwirtschaftstreffens in Davos am 3. Februar? Der DDR-Ministerpräsident habe dort geklagt, es gäbe »einen dramatischen Verfall der Staatlichkeit«. »Ganze Verwaltungen lägen lahm. Die Nationale Volksarmee zerbrösele«. »Vor allem aber sei sein Land wirtschaftlich am Ende. Die Produktion sacke ab.« Zahlungsunfähigkeit drohe. »Bei uns ist es aus«, erklärte der DDR-Premier dem Bonner Kanzler. »Wir sind am Ende.«

Der vielzitierte Artikel ist in die Geschichtsschreibung eingegangen – Modrow selbst habe kapituliert, dem Kanzler blieb keine andere Wahl, als das Heft, also die D-Mark, in die Hand zu nehmen.

Auch mich haben diese Aussagen damals sehr irritiert – zumal Wirtschafts- und Bankfachleute die Situation ganz anders schilderten. Aber wenn das Staatsoberhaupt selbst es sagte …

Mich hat dieser Widerspruch nie losgelassen, bis ich es endlich vor drei Jahren für ein Buch genau wissen wollte und Hans Modrow besuchte. Ich legte ihm den *Spiegel*-Artikel vor. Er las verwundert, verärgert. »Ich habe kein Wort davon gesagt«, meinte er sofort. »Schon allein, weil diese Schilderung der DDR-Realität keinesfalls entsprochen hat.«

Sich die wörtlichen Zitate autorisieren zu lassen, hat *Der Spiegel* damals nicht für nötig befunden. Hans verwies mich auf ein interessantes Detail. Das vermeintliche Vieraugengespräch in Davos war in Wahrheit ein Achtaugengespräch. Der Ministerpräsident hatte seinen wissenschaftlichen Mitarbeiter Karl-Heinz Arnold dabei. Und der Kanzler den seinen – selbstredend Horst Teltschik. Noch 1990 erschien Arnolds Buch: »Hans Modrow – Die ersten hundert Tage«. Darin findet sich eine ausführliche Schilderung des Treffens, von der Hans mir sagte, sie werde dem Inhalt der Begegnung gerecht.

Das Gespräch, Kohl-Modrow sei stockend in Gang gekommen, schreibt Arnold. Man bescheinigt sich gegenseitig, dass die bisherige Briefschnüffelei und Telefonabhörpraxis eingestellt seien. Modrow spricht von gemeinsamer Verantwortung und davon, dass bei den DDR-Bürgern das Vertrauen in die solidarische Unterstützung aus der Bundesrepublik schwinde, die Kohl in seiner Dresdner Rede u. a. wegen des Kaufrausches von Bundesbürgern auf subventionierte Waren und Dienstleistungen zugesagt habe.

Arnold schreibt: »Helmut Kohl fragt in Davos: Was braucht die DDR? Der Ministerpräsident stutzt, schluckt, entschließt sich, die notwendigen 15 Milliarden D-Mark erneut zu nennen. Der Kanzler geht darauf nicht ein, erzählt wie beiläufig von der Nachkriegswährungsreform in der Bundesrepublik. Die wichtigste Sache, sagt er, ist die Währung.«

Hans Modrow hat sich nachträglich geärgert, dass er es nicht gewagt hatte, Kohl nach seinem Entwurf für eine Vertragsgemeinschaft zu fragen »Das war mein Fehler, ich hätte sagen müssen, darüber will ich reden«, erklärte er mir. Dass man nach westlichen Spielregeln nicht ungefragt Fehler einräumt, hatte Hans Modrow immer noch nicht verinnerlicht.

Er brachte einen weiteren Beweis gegen die Darstellung westlicher Medien und Politiker ins Gespräch. Mo-

Blick in den Münzenbergsaal während der Feier

drow hatte 2013 auf Anfrage erfahren, dass der BND seit 1956 eine Akte über ihn als FDJ-Jugendpolitiker führte. Als ihm die Einsicht immer wieder verwehrt wurde, klagte er 2018 gegen die Bundesrepublik Deutschland.

Kurz bevor wir uns 2020 trafen wurde damit begonnen, ihm einzelne Teile zukommen zu lassen, darunter auch Lageeinschätzungen des BND über die DDR zur Zeit seiner Regierung. Dort findet sich über die Wirtschaft kein Katastrophen-Szenario, nichts von Zerfall oder fehlender Stabilität. Dagegen wird berichtet, welche Reformansätze diskutiert werden, um für die Bürger die eigne Eigentumsordnung zu erhalten. Also genau das, was die führenden CDU/CSU-Politiker und hinter ihnen die Wirtschaft empört ablehnten. Sie haben es von ihren eignen Diensten besser gewusst und sind dennoch hemmungslos mit drastischen Fehlinformationen vor die nationale und internationale Öffentlichkeit getreten.

Und die Presse hat willig mitgespielt.

Ja, kläre das auf, bekam ich den Auftrag. Und habe es ausführlich, auch mit Faksimili, getan.

An seinem 95. Geburtstag rief ich Hans Modrow an. Ich war erfreut, seine Stimme fest und klar zu hören. Ich beglückwünschte ihn. »Aber du musst wissen, dass ich sehr abgebaut habe«, sagte er uneitel und bescheiden, selbst an diesem Tag.

»Aber du kannst auf ein erfülltes, kämpferisches Leben zurückblicken, warst immer für andere da. Heute ist ein wichtiger Tag für dich.«

»Ja, das stimmt«, sagte er.

»Du wolltest nicht gelobt, wohl aber akzeptiert werden«

Von Gabriele Lindner, die die letzten achtzehn Jahre an der Seite von Hans Modrow lebte

Lieber Hans,

sehr viele Menschen sprechen mit Hochachtung über dich. Du bist für mich noch immer da. Deshalb spreche ich heute zu dir. Ich danke dir für achtzehn glückliche Jahre meines Lebens. Und ich danke dir für dein großes Engagement für deinen Stiefsohn Felix seit seiner schweren Erkrankung. Nur du kennst die Situation, in der ich gesagt habe »zu Hause«. Dieses Zuhause ist mir durch deinen Tod genommen.

Du hast einmal gesagt, ich wisse gar nicht, wie viel du von mir gelernt habest. Ich habe nur eine ungefähre Vorstellung, was du damit gemeint hast.

Dafür kann ich dir sagen, was ich versucht habe von *dir* zu lernen. Da geht es um etwas, was deine Persönlichkeit ausmacht. Denn erst die entscheidet, was aus mehr oder weniger formalem Wissen wird. Als Persönlichkeit warst du mir jedenfalls weit überlegen. Das habe ich dir auch gesagt.

Dein Verhalten gegenüber anderen Menschen war gekennzeichnet von einer erstaunlichen Kombination, nämlich der Kombination aus realistischem Selbstbewusstsein und Empathie.

Von rechts nach links: Christa Luft, Egon Krenz, Gerhard Schröder, So-yeon Schröder-Kim, Gabriele Lindner und Sohn Felix. Dahinter Hartmut König und Frau

Ausgeprägtes Selbstbewusstsein ist wahrlich verbreitet. Realistisch wird es erst durch die Fähigkeit zu kritischer Selbstreflexion. Diese Fähigkeit zur Selbstreflexion hast du zuletzt noch einmal bewiesen.

Du hattest Schwierigkeiten, dich auf die völlig neuen Bedingungen im ärztlich dringend empfohlenen Pflegeheim einzustellen.

Als nach der Feier zu deinem 95. Geburtstag alle Teilnehmer begeistert davon waren, dass du zwei Stunden lang mit ihnen konzentriert Gespräche geführt hattest, erklärtest du mir zwei Tage danach: »Mein alter Kopf kann eben noch mit dem alten Leben umgehen; aber der alte Kopf kann es mit dem neuen Leben noch nicht.« Welch präzise Selbstwahrnehmung!

Für Selbstkritik hattest du früher eine handfeste Formulierung. Du sagtest dann: »Modrow, du alter Trottel!«

Meinungsverschiedenheiten gehörten ganz selbstverständlich zu uns. Wir haben immer versucht sie produktiv zu machen. Eine Form deiner Kritik an mir habe ich geradezu geliebt. Sie hieß: »Mein kleines Dusselchen!« In den letzten zwei Jahren habe ich diese Kritik sehr vermisst.

Die Kombination aus realistischem Selbstbewusstsein und Empathie erklärt, weshalb du für Menschen ganz unterschiedlicher Herkunft, unterschiedlicher Denkweisen, offen warst und gleichermaßen von solch unterschiedlichen Menschen geachtet wurdest. Letzteres bestätigt sich durch Widmungen in dir übereigneten Büchern, keineswegs nur aus dem eigenen politischen Umfeld.

Ich lese gerade einen dicken Roman von Martin Walser mit einer Widmung für dich.

»Vertrauen« war ein wichtiges Wort in deinem Leben. Du hattest die Kraft dazu. Dein letztes Buch hat den Titel »Brückenbauer«*.

Bewundert habe ich dein Durchhaltevermögen, wenn es um prinzipielle politische Fragen ging, z. B. beim Kampf gegen die bundesdeutschen Strafrenten-Gesetze oder auch bei deiner Überwachung durch den BND seit den 50er Jahren. Buch-Titel: »Ich will meine Akte«**.

Bewundert, manchmal auch nicht verstanden habe ich, wie du in einigen Fällen auf Ablehnung reagiert hast. Oder auf Verhalten, das dir nicht behagte. Denn natürlich warst auch du mit Ablehnung konfrontiert. Du hast sie in solchen Fällen einfach negiert, wenn du mit einer entschiedenen Gegenreaktion etwas dir Wichtiges – sei es im persönlichen oder politischen Bereich – nicht gefährden wolltest. Vermeidung von Konflikteskalation. Im politischen Umfeld erklärtest du es mit den Worten: »Manchmal ist es gut, sich einfach dumm zu stellen.«

Als ich dich einmal bei einer Einladung der südkoreanischen Botschaft vertreten musste, saß ein deutscher Partner der Koreaner neben mir in der ersten Reihe. Er sagte zu mir: »Für Ihren Mann gibt es ein altmodisches Wort: ›Anstand‹.« Er wusste nicht, dass du manche zwischenmenschlichen Vorgänge, auch solche in deiner Partei, kommentiert hast mit den Worten: »Das wäre einfach anständig« oder kritisch: »Das ist einfach unanständig.«

Ich zitiere den Satz aus einem Kondolenzschreiben an mich, der sich sinngemäß auch in vielen anderen findet: »Es tut gut zu sehen, wie viele Menschen zusammen mit uns trauern und sich mit großem Respekt vor dem Menschen Hans Modrow an ihn und sein Lebenswerk erinnern.«

Lieber Hans, du wolltest akzeptiert, aber bis zuletzt nicht großartig gelobt werden.

Jetzt konntest du dich nicht wehren. Verzeih, dass ich das ausgenutzt habe.

---

* »Brückenbauer. Als sich Deutsche und Chinesen nahe kamen. Eine persönliche Rückschau«, 2021
** »Ich will meine Akte. Wie westdeutsche Geheimdienste Ostdeutsche bespitzeln«, 2018

In seinem Sinne macht die Modrow-Stiftung weiter

Von Torsten Hochmuth, Leiter der Modrow-Stiftung

Am 29. Oktober 2018, einem Montag, fuhr ich mit Hans nach Herrnhut in Sachsen zu den Brüdern und Schwestern der Herrnhuter Brüdergemeine. Wir folgten einer Einladung von Pfarrer Peter Vogt, um auf den Spuren von Graf Nicolaus Ludwig von Zinzendorf zu wandern, über den Hans verstorbene Tochter Irina 1988 ihre Promotion schrieb.

Auf der Fahrt, dreißig Kilometer vor dem Ziel, umhüllte uns ein Jahrhundertnebel.

Ich fragte Hans: »Du kennst dich doch hier aus, wo sollen wir nun lang fahren?«

»Ich kenne mich hier nicht aus, du musst das wissen, du bist der Fahrer und ich bin nur dein Gast.«

»Dr. GoogleMaps stehe uns bei«, sagte ich. Ich erläuterte ihm das Wunderwerk des Internets, und er sagte nur, er verstehe nichts von dieser Technik.

Wir hatten Glück – es gab ausreichend Netz. Endlich angekommen, sagte Hans er wisse nun Bescheid, was das Internet leisten könne.

In Herrnhut begleitete uns Pfarrer Vogt zum Gottesacker, in das Archiv der Brüderunität und in die Kirche. Wir trafen uns mit Pastoren und Missionaren. An diesen Tagen verabredeten wir mit der Brüderunität, zwei internationale Werkstätten zu veranstalten, in deren Mittelpunkt die christlichen Sozialutopien der Herrnhuter Brüdergemeine stehen sollten.

Am letzten Tag in Herrnhut gingen wir noch einmal allein spazieren, die Kirchentür war offen und wir schlüpften hinein in das Haus Gottes. Wir fühlten uns gut, wir waren allein, scherzten ein wenig und es überkam uns, uns gegenseitig die Beichte abzunehmen.

Meine Beichte hat Hans mitgenommen auf seine letzte Reise. Die Herrnhuter sagen, wenn einer geht, dass er »heimgeht«. Ich erzählte Hans von meinem Freund Reinhold Andert, der mir einmal sagte, wenn er »noch einmal geboren werden sollte, dann am liebsten als Christ in Herrnhut«.

Hans fand, an dieser Idee sollte man arbeiten.

Auf der Heimfahrt nach Berlin waren wir so beflügelt von unseren Erlebnissen, dass wir Dr. GoogleMaps uns den Weg nach Berlin auf Russisch erklären ließen.

Hans ließ sich das erste Mal in seinem Leben von mir zu einem Besuch bei McDonalds einladen. Hans kam mit den Angestellten ins Gespräch, die ihn nicht ohne Stolz in die Küche ließen, wo ein Gespräch über die Arbeitsbedingungen der amerikanischen Systemgastronomie entstand. Hans war schwer beeindruckt.

Eineinhalb Jahre später, die Werkstätten fanden 2019 erfolgreich statt. In Herrnhut und Prag wurde eifrig debattiert, im Mittelpunkt stand der Dialog zwischen Christen und Atheisten. Wir hatten die Absicht, eine Publikation mit den Diskussionsbeiträgen herauszubringen, einen Verlag fanden wir allerdings nicht.

Davon unbeeindruckt meinte Hans, das nehmen wir selbst in die Hand: »Ich weiß, dass du das kannst!« Ich legte mich ins Zeug und machte Fehler. Einige wenige Genossen, die Hans nahestanden, nahmen das zum Anlass, ihm zu erklären, dass es doch besser sei, sich von mir zu trennen, um Schaden abzuwehren. Hans blieb ruhig und besonnen, teilte seinen Freunden mit, dass er zu mir stehe und meine Fehler auch seine Fehler seien. Die Kritik verstummte schlagartig. Mit Hans war keine Hinterzimmerpolitik zu machen. Zu mir sagte er nur: »Ich weiß, dass du das beim nächsten Mal besser kannst.«

Bis zu dieser Zeit dachte ich immer, Loyalität sei eine Einbahnstraße.

Er ermunterte mich, nicht hinzuschmeißen, die letzten verlegerischen Arbeiten haben wir gemeinsam gemeistert. Die Publikation war kaum gedruckt, da war sie auch schon vergriffen.

Die Modrow Stiftung ist eine kleine Stiftung, jeder bringt sein Netzwerk und seine Kompetenz ein. Unser Budget ist klein, wir setzen immer auf Kooperationen. Hans an der Spitze der Stiftung hat stets großen Wert auf Transparenz gelegt – vom Sitzungsprotokoll bis zum Haushaltsplan. Wenn ich mit ihm eine kleine Vorstandsitzung abhielt, lag vor ihm schon ein Zettel, anhand der Nummerierung konnte ich abschätzen, wie gut er wieder vorbereitet war. Immer gab es die einfache oder tiefgreifende Analyse der großen oder kleinen Dinge dieser Welt.

Hans kannte das Leben. Und was ich nicht bei Google fand, fand Hans in seinem Gedächtnis. Er konnte sich an alles bis ins kleinste Detail erinnern: wen traf er wo am 17. Juni 1953 und welche Entscheidungen hat er damals getroffen …

Voriges Jahr im Januar besuchte ich ihn im Friedrichshainer Krankenhaus, er saß in seinem Zimmer mit vielen Zetteln und Notizen auf dem Tisch. Er sagte: »Es wird Zeit, Torsten, dass du etwas Sport machst. Konzentriere dich bitte auf den Staffellauf!«

Ich war ein wenig irritiert.

Er klärte mich auf, worauf es im Staffellauf ankomme. Ich war beruhigt und unruhig zugleich. Hans ordnete seine Sachen und bereitete mich auf seinen letzten Lauf vor. Er füllte mit seiner krakeligen Schrift, die außer Evi Nowitzki, Gabriele Lindner und Frank Schumann niemand entziffern konnte, verschiedene Zettel aus, die er mir nach jedem Besuch übergab.

Im letzten Jahr überstürzten sich die Ereignisse. Hans fasste den Entschluss, seinen Sitz im Ältestenrat abzugeben, er wollte eine geordnete Übergabe organisieren. Ein würdevoller Abschied sollte es werden, stattdessen blies ihm der Wind ins Gesicht. Wie stark der Wind war und noch immer ist, konnte ich bei der Vorbereitung dieser Feier spüren.

Er lebte standhaft mit Anstand – so wie viele seiner Getreuen, die sich hier versammelt haben. Konspiration und Angriffe aus der dritten Reihe waren ihm stets zuwider. Er duckte sich nicht ab, er war Sportler, die Mannschaft war ihm wichtiger als seine Person.

Ich war mit Hans beim 1. FC Union Berlin in der Alten Försterei. Es war ein Spiel, als Union in der Zweiten Liga bereits erstklassig spielte. Es ging gegen Dynamo Dresden, das Tor lag unerreichbar in der Luft. Das Unentschieden kommentierte Hans so: »Es lag nicht an der Mannschaft, die war prima. Nur der Ball war nicht rund genug.«

Wir machten Pläne, wir planten ein Friedenscamp mit Jugendlichen auf den Seelower Höhen. Das nach ihm benannte Modrow-Gesetz sollte illustriert werden und die Rechte der Frauen noch stärker als bisher in den Mittelpunkt unserer Arbeit in der Stiftung gerückt werden.

Nun, mit euch gemeinsam, werden wir eine Mannschaft formieren, um die Arbeit der Modrow-Stiftung in seinem Sinne fortzuführen.

29. August 1992 in Rostock bei einer PDS-Demo. Eine Woche zuvor gab es rassistische Exzesse in Lichtenhagen

*29. August 2000: Für die PDS im Europaparlament –
auf dem Balkon seiner Wohnung in Brüssel*

Hans Modrow –
ein Jahrhundertleben

Unter diesem Thema nahm am 21. April 2023 die Rosa-Luxemburg-Stiftung in ihrem Hause in der Straße der Pariser Kommune in Berlin Abschied. Dietmar Bartsch redete. Beim Podiumsgespräch, das von Gesine Lötzsch geleitet wurde, erinnerten die ehemalige Bundestagsabgeordnete Barbara Höll, der einstige Brandenburger Landtagsabgeordnete Heinz Vietze, der Europaabgeordnete und Parteivorsitzende Martin Schirdewan und Jan Korte, Parlamentarischer Geschäftsführer der Bundestagsfraktion der LINKEN, an politische Stationen des Verstorbenen. Heinz Bierbaum, Vorstandsvorsitzender der Stiftung, hielt das Schlusswort.

Das Podiumsgespräch und auch die Fotos haben ein eindrucksvolles Bild von Hans Modrow vermittelt. In der Tat: ein Jahrhundertleben, eine herausragende Persönlichkeit. Hans Modrow war ein Sozialist durch und durch – aufrecht, bescheiden und in seinen politischen Zielsetzungen hartnäckig.

Ich selbst habe Hans Modrow zum ersten Mal in Brüssel getroffen, als er Europaabgeordneter war. Ich war dort wegen des gewerkschaftlichen Netzwerkes »Forum soziales Europa«, heute »Trade Unionists Network Europe« (TUNE). Gerade die europäische und auch die internationale Arbeit haben uns stark miteinander verbunden. Als Vorsitzender der Internationalen Kommission der Linken hatte ich einen regelmäßigen Austausch mit Hans und habe seinen Rat sehr geschätzt wie er auch an meiner Meinung interessiert war. Ich erinnere mich gern unserer Treffen in der Nähe seiner Wohnung. Er war stets gut vorbereitet.

Wir waren nicht immer derselben Meinung, doch einte uns das Bemühen, der Linken bewusst zu machen, dass sie eine internationale Partei sei und darum intensive Beziehungen zu anderen linken Parteien und Bewegungen aufbauen und pflegen müsse.

Hans Modrow war ein wirklicher Internationalist mit profunder Kenntnis geopolitischer Zusammenhänge. Er verstand sich als Brückenbauer – so auch der Titel seines Buches über China. Besonders verbunden war er emit Kuba, wo er eine außerordentlich hohe Wertschätzung erfuhr. So war es nur konsequent, dass er bei seinem letzten Geburtstag, dem 95., um Spenden für Kuba bat.

Bis ins hohe Alter engagierte er sich für den demokratischen Sozialismus und für die Transformation hin zu einer sozialistischen Gesellschaft. Auf die Frage von Gabriele Oertel, die mehrere Monate Hans Modrow interviewte, was er als Aufgabe einer vereinigten Linken sehe, antwortete er: »Wird es ohne radikale sozialistische Linke einen Politikwechsel und eine gesellschaftliche Alternative zum brüchigen, zunehmend ausbeuterischen Kapitalismus geben? Da sage ich klipp und klar: Nein! Aber dazu muss die Linke ihr Profil schärfen, aus der Geschichte der Arbeiterbewegung Lehren ziehen und als eine internationalistische Partei für eine neue

Am 5. Juni 2023 wurde die von Hans Modrow erbetene Solidaritätsspende für die Grundschule »Tamara Bunke« in der Provinz Mayabeque in Kubas Botschaft übergeben*. 24.075 Euro waren zusammengekommen. Von rechts nach links: Torsten Hochmuth, Peter Schröder, der Bundesgeschäftsführer der Partei DIE LINKE Tobias Bank, Kubas Botschafterin Juana Martínez González, Gabriele Lindner, Steffen Niese von »Cuba sí«, Frank Schumann

internationale Solidarität eintreten.« Als Vorsitzender des Ältestenrats engagierte er sich parteipolitisch, mischte sich ein – immer im Bemühen, die Partei zu einer starken sozialistischen Kraft zu machen, die gesellschaftlich Einfluss nimmt. Nicht immer stieß dies auf die Resonanz, die er verdient gehabt hätte.

Hans Modrow ist sich über die Epochen hinweg seinen Zielsetzungen treu geblieben, hat dabei auch immer die Entwicklung der gesellschaftlichen Verhältnisse und die sich daraus ergebenden politischen Veränderungen in Rechnung gestellt.

Zurzeit befindet sich die Partei DIE LINKE in schwierigem Fahrwasser. Dabei wird gerade jetzt eine politische Kraft gebraucht, deren Markenzeichen sozialistische Gerechtigkeit und Frieden sind, wie wir das als Stiftung in unseren zehn Herausforderungen für einen solidarischen Aufbruch formuliert haben. Daran zu arbeiten und die Linke wieder zu einer politischen Kraft mit gesellschaftlicher Wirkung zu machen, ist für mich das Vermächtnis von Hans Modrow.

---

* Am 3. August 2023 informierte das *nd.der tag*, dass eine von der Co-Fraktionsvorsitzenden Amira Mohamed Ali und Tobias Bank geleitete Delegation der Partei DIE LINKE in Kuba war – die hochrangigste, »die wir je geschickt haben«. Sie übergab Sachspenden, darunter auch den Scheck für die Tamara-Bunke-Schule. »Die Spende war auf Initiative des mittlerweile verstorbenen Vorsitzenden des Ältestenrates der Partei DIE LINKE, Hans Modrow, zu dessen 95. Geburtstag Ende Januar gesammelt worden. Hans Modrow ist denn auch das Stichwort für Bank, der auf Modrows Kuba-Verbundenheit und die langjährige Tradition der Kuba-Arbeit in der Linkspartei hinweist. ›Deshalb ist wichtig, dass wir hier sind, um nach Hans Modrows Tod deutlich zu machen: Es ist nicht vorbei, wir gehen den Weg gemeinsam weiter und machen den nächsten Schritt‹, schrieb die Zeitung.

Kondolenzen und Nachrufe

»Danke!«

An der Veranstaltung im Münzenbergsaal bekundeten durch ihre Anwesenheit Botschafter und Mitarbeiter verschiedener diplomatischer Einrichtungen Sympathie und Nähe zu Hans Modrow; Kondolenzen aus dem Ausland und Nachrufe in internationalen Medien zeigten die hohe Wertschätzung, die der Verstorbene in anderen Staaten genoss. Aber auch sehr viele Menschen in Deutschland, die in irgendeiner Weise sich mit Hans Modrow verbunden fühlten, bekundeten ihre Trauer über den Verlust. Mündlich oder schriftlich mit Briefen oder Eintragungen in das Kondolenzbuch, das im Karl-Liebknecht-Haus und später im nd-Gebäude auslag. Man kann für alles darin gesagte eine Überschrift wählen: das Wort Danke, gerichtet an Hans Modrow. Die Absender dankten ihm für sein Engagement in der DDR und für dieses Land in der Zeit des Übergangs, für sein beharrliches Eintreten für deutsche wie auch für die Interessen anderer Nationen, für die Völkerverständigung und für Frieden und Freundschaft zwischen den Staaten. Nicht wenige erinnerten daran, dass er, egal in welcher Funktion, immer ein offenes Ohr für sie gehabt habe, ihnen half und bei Vorhaben unterstützte, wenn dies nötig war. Nicht wenige meinten, er sei ihnen Vorbild gewesen, Vorbild an Bescheidenheit und menschlicher Zuwendung. Manchem habe er unaufdringlich bewusst gemacht, gar gelehrt, wie man Politik mit Vernunft und Empathie machen müsse, um die Menschen zu erreichen. Als Mahner habe er auch Hoffnung gegeben und Zuversicht vermittelt. »Hätte es doch mehr Politiker wie Dich gegeben«, schrieb jemand ins Kondolenzbuch. Eine andere meinte dort, dass mit Hans Modrow »einer der ehrlichsten und anständigsten Politiker« gegangen sei.

Mitstreiter und Weggefährten aus der einstigen Akademie für Gesellschaftswissenschaften beim ZK der SED schrieben: »Seine Aufrichtigkeit und Freundlichkeit werden als starkes Band bleiben. Mit seiner Haltung, seinen Überzeugungen und Entscheidungen hat er Spuren hinterlassen, die uns und für viele andere Menschen als Verbindung zu ihm ewig bleiben werden.« Ähnliches schrieben Mitschüler seiner Lebensgefährtin, die sich ihrer Klassentreffen erinnerten, an denen Hans Modrow teilgenommen hatte.

Nachfolgend zitieren wir aus einigen wenigen ausgewählten Schreiben.

Prof. Dr. Klaus Thielmann, Minister für Gesundheitswesen in der Modrow-Regierung:

»Als er im November 1989 den Vorsitz des Ministerrates der DDR übernahm, stand er vor einer großen Herausforderung. Die Vereinigung von DDR und BRD öffnete den Weg zu einer Verständigung über den weiteren Weg des Landes in Einheit und weiterer Perspektive, so schien es.

Nach 40 Jahren unterschiedlicher Entwicklung zweier deutscher Staaten sahen wir ein ganzes Spektrum von Möglichkeiten zur Neugestaltung gesellschaftlicher und wirtschaftlicher Prozesse zum Wohl der Mehrheit der Menschen in Ost und West. Gelegenheit zu grundlegender Neuorientierung gibt es nicht oft in der Geschichte eines Landes. Hans Modrow war der richtige Mann an der richtigen Stelle in dem kurzen geschichtsträchtigen Zeitraum, der zur Verfügung stand. Er hatte das Format groß zu denken und vorausschauend zu handeln. Ich gehörte zu seiner Mannschaft, wir standen alle hinter ihm, schwärmten aus, nach Bonn und Westberlin, um für strategisches Vorgehen zur Gestaltung eines wirklich neuen Deutschland zu werben. Der Rest ist Geschichte. Hans Modrow kämpfte weiter, bis zu seinem Ende. Er wird fehlen.«

Helmut Ettinger, Dolmetscher für Russisch und Chinesisch und oft für Hans Modrow in dieser Funktion tätig, obwohl dieser selber Russisch sprach, was er in vier Jahren sowjetischer Kriegsgefangenschaft gelernt hatte:

»Meiner Frau Hilde und mir wird Hans vor allem im Gedächtnis bleiben als leidenschaftlicher, selbstloser Genosse, der andere anstecken konnte, als mitfühlender Mensch, der immer eine helfende Hand für andere hatte. Das war auch die Triebkraft für seine internationale Solidarität, die zu beweisen er immer bereit war.

Ich habe ihn auf vielen Reisen rund um die Welt begleiten dürfen und dabei erlebt, wie stark sie wirkte – auf die betroffenen Menschen und auf mich. Mit Hans ließ sich trefflich streiten. Wir haben das nicht selten praktiziert, und ich habe es immer als Bereicherung empfunden.

Unvergesslich sind mir seine Worte bei der Feier seines 90. Geburtstages. Als ich ihm beim Gratulieren für alles dankte, was ich von ihm gelernt habe, erwiderte er in seiner großen Bescheidenheit, auch er habe dabei gelernt und danke mir dafür.«

Schauspielerin Walfriede (»Wally«) Schmitt:
»Wenn ein vertrauter Mensch stirbt, so geht auch ein Teil des eigenen Lebens dahin! Bei Hans ist es für mich ein großer Teil. Ich kannte ihn, seit ich vierzehn Jahre alt war und habe viele Erlebnisse mit ihm geteilt, seinen tapferen Weg durch die Geschichte verfolgt und be-

Auf dem Londoner Highgate-Friedhof am Grab von Marx

wundert. Immer von großer Bescheidenheit, nie bestechlich, immer ehrlich, mutig und unermüdlich. Ich habe ihn stets für einen wirklichen Kommunisten gehalten – das kann man ja nicht von so vielen sagen. So lange ich lebe, wird er in meinem Herzen wohnen.«

Bärbel und Johannes Franck:
»Für uns als Pfarrersleute in Thüringen war Hans Modrow ein wichtiger Hoffnungsträger für ein gutes Zusammenwachsen von Ost und West. Leider kam manches anders.«

Bruni de la Motte und John Green, London:
»Es ist mehr als eine Tragödie, dass Hans in seinem eigenen Land nicht die Anerkennung und den Respekt erhalten hat, den ihm Außenstehende entgegen gebracht haben. Wir haben Dich (*d. i. Gabriele Lindner – d. Verl.*) und Hans nur kurz gekannt, aber wir erinnern uns gerne an diese kurzen Treffen hier in London und in Berlin und fühlen uns begnadet, Euch beide kennengelernt zu haben.«

Präsidium des Ostdeutschen Kuratoriums von Verbänden (OKV):
»Hans hat unser Handeln stets unterstützt, stand mit Rat und Gedanken Vertretern unserer Verbände zur Seite. Besonders schmerzlich für Hans war die Missachtung der Ratschläge des Ältestenrates der Partei der Linken durch die Parteispitze und die organisierte Neuberufung cincs Ältestenrates ohne Hans und Gleichgesinnte.«

Erik Rohrbach, Frankfurt/Oder:

»Ende 2022 habe ich Hans Modrow letztmalig besucht. Der Gedankenaustausch stimmte mich sehr nachdenklich, hoffnungsvoll und traurig zugleich. Ich schätzte an ihm immer die Klarheit seiner Gedanken, seine analytischen Fähigkeiten, seine Weitsicht und seine sehr verständliche, nie abgehobene Sprache. Dazu kamen seine Bescheidenheit und sein menschliches Einfühlungsvermögen.«

Vladimiro und Antonella Giacche, Rom:

»Ich bin stolz darauf, zwei Bücher von Hans in Italien übersetzt zu haben, und auch dass ich das erste Buch (über die Perestroika) mit Euch vorstellen konnte. Sie sind ein kleiner Beitrag zur Kenntnis einer wichtigen Persönlichkeit der DDR und darüber hinaus der deut-

Die italienische Ausgabe des Buches von Hans Modrow »Brückenbauer«, übersetzt von Vladimiro Giacche. Den Begriff »Brückenbauer« benutzte übrigens auch Papst Franziskus in seiner Rede auf dem Weltjugendtag in Lissabon Anfang August 2023. »Die Welt brauche Europa, ›das wahre Europa‹, als Brückenbauer und Friedensstifter.«

schen Geschichte insgesamt hier in Italien. Ich freue mich sehr, dass sich besonders das ›Perestroika‹-Buch gut verkauft.«

Heinz Stehr, Vorsitzender der DKP 1990-2010:
»Uns verband eine tiefe Freundschaft und vertrauensvolle Zusammenarbeit seit 1989. Durch ihn begriff ich manches besser, was die Ursachen des Zusammenbruchs und der Zerschlagung der DDR ausmachte. Gemeinsam suchten wir nach konstruktiven Lösungen für eine solidarische Zusammenarbeit zwischen der SED/PDS und der DKP. Alle Versuche dazu scheiterten letzlich. Das änderte nichts an weiteren vertraulichen Treffen, deren Basis unsere Grundüberzeugung blieb, dass der Kapitalismus überwunden werden muss und eine sozialistische Zukunft gemeinsames Ziel war. Hans wird mir als Genosse im Gedächtnis bleiben mit starken positiven politischen Eigenschaften, großer Aufrichtigkeit und als konstruktiv streitbarer Mensch.«

Thorsten Zopf, Fahrer von Dietmar Bartsch:
»Eine meiner schönsten Erinnerungen an Hans beginnt 2006. Ich war zu jener Zeit einer von zwei Fahrern im Parteivorstand der PDS. Bis dahin kannte ich ihn nur aus den Medien und aus Erzählungen. Seine damalige Büroleiterin Evi Nowitzki ›bestellte‹ mich ins Büro. ›Thorsten, ich habe schon alles abgesprochen. Du musst mit Hans in zwei Tagen auf die Insel Rügen zu einer Veranstaltung.‹ Ich war so perplex, dass ich erst nach Sekunden reagierte. Mir fiel nichts anderes ein als

zu fragen, wie ich meinen Begleiter ansprechen sollte. Herr Modrow? Herr Ministerpräsident?

Evi Nowitzki grinste mich an. ›Na: Hans. Du bist doch in der selben Partei.‹ Sie schien sich über diese Frage köstlich zu amüsieren.

Hans stieg pünktlich wie verabredet ins Auto. Nicht hinten, sondern neben mir. Kurz darauf befand ich mich in einem zweiten Bewerbungsgespräch. ›Thorsten, nun erzähl mal, wer du bist.‹

Also erzählte ich, wer ich bin.

Bis zu seinem Tod sind wir uns immer freundlich und achtungsvoll begegnet. Er wusste auch, dass ich bei Gesprächsbedarf Dietmar informierte. Ich mochte seine Direktheit, Freundlichkeit und Bescheidenheit.«

Barbara Borchardt:

»Ich kenne Hans seit 1990. Er hat mich immer sehr an meinen Vater erinnert: ehrlich und aufrichtig, nicht stromlinienförmig. Er war ein guter Zuhörer, mit einem klaren politischen Kompass. Ich habe leider erleben müssen, dass sein Wort, seine Stimme, seine klaren Analysen zu gesellschaftlichen Entwicklungen auch schon in der PDS nicht erhört/gewollt worden sind. Das Jahr 2022 war sicherlich die Spitze vom Eisberg.«

Claudia Possardt, Landesamt für Arbeitsschutz, Verbraucherschutz und Gesundheit Brandenburg (LAVG):

»Die Gedenkveranstaltung am 15. März für Hans Modrow war ein ganz besonderer Tag für mich, ich werde ihn nie vergessen. Er hat sich tief und nachhaltig in meine Seele eingegraben. Es war ein sehr würdiger, sehr gelungener Abschied. Als Beigeordnete, Kämmerin und Bürgermeisterin a. D. fühlte ich mich auf das Engste mit Hans verbunden. Nicht nur zur Vorstellung von Büchern, sondern auch als Helfer, Ratgeber und klugen Menschen erlebte ich Hans wiederholt in Frankfurt (Oder), zuletzt im Haus der Russischen Wissenschaft und Kultur in Berlin bei einer Podiumsdiskussion.

Die Gespräche mit ihm genoss ich sehr, seine Ratschläge waren mir immer willkommen. Die Erfahrun-

Hans Modrow in seinem Geburtsort Jasenitz, heute Polen, vor der Ruine des Schlosses. Im Bundestag war er von Wirtschaftsminister Otto Graf Lambsdorff (FDP) als »schlimmster Ministerpräsident der deutschen Geschichte« beleidigt worden, worauf MdB Modrow antwortete: »Herr Graf, ich verstehe Sie gut. Sie lebten im Schloss, Ihre Eltern hatten große Güter, Ihr Leben ist damit verbunden. Meine Eltern lebten in der Kate, und mein Leben ist eben mit der Kate verbunden. Das trennt uns.«

gen mit der Sowjetunion hatten uns beide geprägt. (*Dr. med. vet. Possardt hatte in Moskau Veterinärmedizin studiert – d. Verl.*) So nehmen wir denn Abschied von einem verehrten und geliebten Menschen, der unvergessen in uns weiterleben wird.«

Ronald Friedmann, Historiker und Mitglied der Historischen Kommission beim Parteivorstand der LINKEN:

»Nicht nur in den Westmedien galt er ab Mitte der 1980er Jahre als ›Hoffnungsträger‹ und interner Kritiker der Partei- und Staatsführung in der DDR. Er war ein Hoffnungsträger im besten Sinne des Wortes – mit seinem Namen verband sich die Hoffnung auf einen erneuerten Sozialismus in einer erneuerten DDR.

Am 10. April 2013 überreichte der russische Botschafter Grinin eine Auszeichnung; im Spiegel die beiden Bundestagsabgeordneten Wolfgang Gehrcke und Dietmar Bartsch

Als er im November 1989 das Amt des Ministerpräsidenten der DDR übernahm, sah er sich mit einer
Vielzahl nahezu unlösbarer Aufgaben konfrontiert.
Doch er stellte sich diesen Aufgaben mit scheinbar
unerschöpflicher Energie. Sein größtes Verdienst war
es, an entscheidender Stelle dazu beigetragen zu haben,
dass der Wendeherbst 1989 unblutig verlief.

Früher als andere erkannte er, dass die DDR trotz aller
Bemühungen keine Zukunft hatte. Mit seinem Plan »Für
Deutschland, einig Vaterland« enttäuschte er im Februar
1990 viele seiner Genossen, doch er sah sich in der
Pflicht, seinen Beitrag dafür zu leisten, dass die Bürger
der DDR in einem künftigen vereinten Deutschland
gleichberechtigt ihren Platz finden würden.

Für die PDS wurde Hans Modrow im März 1990 in
die Volkskammer gewählt. Mit dem Inkrafttreten des
Einigungsvertrages am 3. Oktober 1990 wurde er Mitglied des Bundestages. Von 1999 bis 2004 war er Mitglied des Europäischen Parlaments.

Nicht erst seit dieser Zeit besaß Hans Modrow viel-
fältige persönliche Kontakte in alle Welt. Diese Kontakte
waren ihm außerordentlich wichtig, denn er war von der
Notwendigkeit der Verständigung zwischen den Nationen überzeugt. Besonders in Kuba war er stets ein gern
gesehener Gast. Doch er hatte auch enge Kontakte nach
Japan, Russland, Tschechien, den beiden Koreas und
nach China. Überall dort wurde er als Gesprächspartner
geschätzt und gewürdigt, was sich nicht zuletzt in der
Verleihung von zahlreichen höchsten Auszeichnungen
zeigte, so beispielsweise durch den japanischen Kaiser.«

Im Gespräch mit Fidel Castro, 1993

*Fernando González Llort, Präsident des Instituto
Cubano de Amistad con los Pueblos, Havanna:*
»Wir werden uns immer an Hans Modrow als einen
Freund des Comandante en Jefe Fidel Castro und des
kubanischen Volkes erinnern. Wir danken ihm für seine
Unterstützung bei der Gründung der Arbeitsgemein-
schaft ›Cuba si‹ im Jahr 1991. Mit Vehemenz und
Loyalität verteidigte er den Weg, den Kuba wählte, um
den Sozialismus gegen alle Hindernisse aufzubauen.
Sein Beitrag während der mehr als fünfzig Jahre der
Verteidigung Kubas wurde 2016 mit der Verleihung des
Ordens der Solidarität gewürdigt.

Hans Modrow hat immer und überall seine Stimme
erhoben für die einfachen Menschen in der Welt. Er
wird ewig in Kuba leben. Wir werden sein Erbe leben-
dig halten.«

1987 verlieh ihm der japanische Kaiser den »Orden vom Heiligen Schatz mit Schulterband«; Hans Modrow mit Ehefrau Annemarie und Tochter Irina bei der Übergabe

Isamu Momozumi, Japan:

»Herr Dr. Hans Modrow, unser Hans, war unser langjähriger Genosse. Als die japanische Presseagentur die Nachricht von seinem Tod verbreitete, habe ich sofort die vielen Kollegen, die unter besten Bedingungen in der DDR hatten studieren können, darüber informiert. Im Namen von Masatake Murata und auch in meinem Namen drücke ich mein Beileid aus. So lange ich lebe, werde ich, wie in jedem Jahr an Hans Modrow, den deutschen Genossen einen Kalender schicken.«

Erik Meijer, Europaabgeordneter der Niederländischen SP 1999 bis 2009:

»Von den sechs Abgeordneten der PDS im Europaparlament 1999-2004 war Hans Modrow der international am meisten bekannte. Nicht wenige gab es, die ihm
anfänglich misstrauten und sogar fürchteten. Doch die
Zusammenarbeit mit Hans, auch in der Konföderalen
Fraktion der Vereinten Europäischen Linken/Nordische
Grüne Linke (GUE/NGL), war anders als erwartet. Er
war offen, klug, kreativ und tolerant und zeigte, dass eine
bessere Art von Sozialismus möglich ist, als die DDR
fähig war aufzubauen. Ich erinnere mich gern auch an
unsere langen Gespräche in Prag und Budapest.«

*Generaloberst a. D. Fritz Streletz und Kapitän zur See a. D.
Gerhard Matthes, Strausberg:*
»Trotz Aufstieg in höchste Positionen in Partei und
Regierung blieb Hans Modrow stets ein bescheidener
Mensch. Das brachte ihm höchstes Ansehen und Be-
liebtheit bei den Bürgern der DDR ein.

Mit Hans Modrow verliert die deutsche Linke einen
großen Kämpfer für soziale Gerechtigkeit, für Fort-
schritt und für die Einheit der linken Kräfte. Als Vorsitzender des Ältestenrates der Partei DIE LINKE
sorgte er sich stets darum, dass die Partei ihre Arbeit
nach einem klaren Programm ausrichtet und dem Volk
deutlich macht, wofür sie steht. Wir werden das Anden-
ken an unseren Genossen und Freund in Ehren halten.«

Irakische Kommunistische Partei:
»Die irakischen Kommunisten drücken ihr tiefes Beileid aus. Hans Modrow war ein Kämpfer gegen den

Faschismus und ein bekannter und überzeugter Internationalist. Wir alle haben eine wichtige, bescheidene Persönlichkeit verloren.«

Fabien Roussel, Nationalsekretär der Kommunistischen Partei Frankreichs:
»Als 1. Sekretär der SED im Bezirk Dresden war er bemüht, gute Beziehungen zur KPF herzustellen, insbesondere zur Organisation Niederrhein. Sein respektvoller Umgang mit den Bürgern unterschied sich von der Praxis der SED-Führung. Als Ministerpräsident der DDR in der Zeit nach dem Fall der Mauer war ihm daran gelegen, dass die Wiedervereinigung nicht auf Kosten der Bürger Ostdeutschlands erfolgte, und er verteidigte die Neutralität des wiedervereinigten Deutschlands gegen die Pläne der deutschen Konservativen und schließlich gegen die Art der Wiedervereinigung, wie sie dann tatsächlich erfolgte.

Anerkennenswert war, dass er in dieser heiklen Zeit den Dialog mit den Oppositionsparteien organisierte und so dafür sorgte, dass der Übergang friedlich und ohne Blutvergießen erfolgte.

Er blieb immer dem demokratischen Sozialismus verpflichtet – als Bundestagsabgeordneter, später als Europaabgeordneter und als Vorsitzender des Ältestenrates der Partei DIE LINKE. Ich gedenke Hans Modrows, eines aufrechten und integren Kommunisten.

Im Namen der KPF spreche ich seinen Genossen, seinen Angehörigen und seiner Familie mein tiefstes Mitgefühl aus.«

Danai Koltsida, Mitglied des Politischen Sekretariats von Syriza, Griechenland:

»Der Beitrag von Hans Modrow zum Friedensprozess und zur Wiedervereinigung Deutschlands sowie seine allgemeinen Leistungen für die deutsche und die europäische Linke waren sehr wertvoll. Sein Name wird auch den kommenden Generationen von Linken in Erinnerung bleiben und von ihnen in Ehren gehalten werden.«

Aus der Volksrepublik China kamen sehr viele und sehr umfangreiche Kondolenzen, darunter von Yang Mingwei, Direktor des Büros für Internationale Zusammenarbeit beim Zentralen Forschungsinstitut für Geschichte der KP Chinas:

»Ich habe Hans Modrow als einen bewunderswerten Kämpfer für den internationalen Kommunismus kennen- und schätzengelernt. Er war ein Freund Chinas, unerschütterlich den Idealen des Kommunistmus und des Marxismus verpflichtet. Mit seinem scharfen Blick auf die Epoche erkannte er die großen Entwicklungslinien und war darum überzeugt, dass der Imperialismus die Probleme, die er selbst erst geschaffen hatte, nicht würde lösen können. Deshalb war er der Auffassung, dass das imperialistische Gesellschafts- und Wirtschaftssystem unvermeidlich überwunden werden müsse. Viele seiner Ansichten waren sehr inspirierend und von großer Weisheit, sie regten zum Nachdenken an.

Das von ihm in Berlin initiierte Werkstattgespräch zum 100. Geburtstag der KP Chinas wurde in einem Band dokumentiert (»Chinas Jahrhundert«). Was ich dort las, überraschte und faszinierte mich: Ich hatte nicht erwartet, dass ein deutscher Politiker über solch tiefgehende Kenntnisse von Theorie und Perspektiven des Sozialismus mit chinesischen Charakteristika verfügte und die Entwicklung der KPCh und der chinesischen Gesellschaft in der neue Ära so gut kannte.«

Jianzheng Wang, China International Institut for Strategic Studies, Beijing:
»Hans Modrow und ich waren jahrzehntelang befreundet, vielleich weiß ich am Besten, wie sehr ihm die Sache des Sozialismus in China am Herzen lag. In den vergangenen sechzig Jahren hat er China dreizehn Mal besucht und war Zeuge unserer Entwicklung. Bei sei-

Jianzheng Wang, Hans Modrow und Karl Marx in China

nen letzten drei Besuchen habe ich ihn begleitet. Als wir im September 2019 Shanghai aufsuchten, vertraute er mir an, dass er gern zum 100. Geburtstag der Partei wiederkommen möchte. Aufgrund der Pandemie konnte er sich diesen Wunsch leider nicht erfüllen. Er gab zu diesem Jubiläum Interviews und schrieb Artikel für die deutsche Presse. Sie wurden von unserer Nachrichtenagentur *Xinhua* sowie von wichtigen chinesischen Medien wie *People's Daily, Guangming Daily* und *Reference News* aufgegriffen und verbreitet.

Die Wertschätzung und Anerkennung, die Hans Modrow von chinesischer Seite erfuhr, waren in seinen späten Lebensjahren auch eine Quelle, aus der er intellektuelle Kraft und immer wieder Antrieb schöpfte. Die Veröffentlichung der chinesischen Übersetzung des Werkstattgesprächs (›Chinas Jahrhundert‹), in welchem er grundsätzliche Überlegungen zu China und zur KP anstellte, hat ihm außerordentlich viel bedeutet.

Ich bin überzeugt, dass unsere Freundschaft von den Menschen unserer beiden Länder gelebt und weitergetragen wird.«

Sang Yuepeng, Abteilungsleiter im Büro für Internationale Zusammenarbeit und Austausch beim Zentralen Forschungsinstitut für Geschichte der KP Chinas:
»Ich führte mit Hans Modrow 2021 ein Interview. Abgesehen davon, dass seine Ausführungen frei waren von der bei Politikern bekannten Rhetorik. Am meisten beeindruckte mich seine Antwort auf die Frage, was ihn hatte so werden lassen, wie er ist. ›Nach dem Zweiten

Weltkrieg fomulierten viele aus meiner Generation zwei Ziele: Nie wieder Faschismus! Nie wieder Krieg! Ich erkannte im Sozialismus den Weg, wie dieses Ziel zu erreichen ist.‹«

Xi Weidong, Direktor des Verlages Central Compilation & Translation Press:
»Bereits vor der Herausgabe des Buches vom Werkstattgespräch war Hans Modrow erkrankt. Wir forcier-

Vorstellung der chinesischen Ausgabe am Welttag des Buches am 23. April 2022 in Beijing. Die Resonanz war groß, das Buch kam in China auf die Liste der Baidao 100 Best Original Books und auf Platz 1 bei der Leserumfrage des Verlages

ten die Arbeiten, setzten unsere besten Lektoren an diese Aufgabe. Im Februar 2022, nach dem chinesischen Neujahrsfest, musste sich Hans Modrow einem neuerlichen Eingriff unterziehen. Deshalb druckten wir ein Vorab-Exemplar und schickten es nach Berlin. Die letzten Zeilen seines Schlussworts lauteten programmatisch: »Wir sollten die Chinesen weiter ihren Weg suchen und gehen lassen – und wo sie es möchten, sollten wir sie solidarisch unterstützen.‹

Es sollten, was wir damals nicht ahnten, seine letzten Worte in seinem letzten Buch sein.«

Die Sekretärin für Internationale Beziehungen der Kommunistischen Partei Spaniens:
»Hans Modrow war seit seiner Jugend ein kämpferischer Kommunist. Er hatte verschiedene Funktionen beim Aufbau der neuen sozialistischen Republik inne. Dieser hatte nach der vom Nationalsozialismus verursachten Katastrophe begonnen und wurde durch die Ereignisse von 1989 unterbrochen. Im Herbst jenes Jahres übernahm Modrow den Vorsitz des Ministerrates, um die sozialen Rechte und Errungenschaften zu verteidigen, die die ostdeutschen Arbeiter sich erobert hatten. Die rechte Regierung von Helmut Kohl demontierte die DDR-Industrie und verschleuderte das DDR-Vermögen. Es waren dunkle Monate der Korruption und reaktionärer Prozesse, die von Bonn aus gesteuert wurden.

Auch nach der Wiedervereinigung blieb Hans Modrow in den Reihen des deutschen Sozialismus, er stand zu jenen, die der Verfolgung und politischen Schikanen, der Entlassung und einer beschämenden »Säuberung« ausgesetzt waren. Alles zusammen verursachte enormes Leid. Bis zum Ende seiner Tage verfolgte Modrow aufmerksam die gesellschaftlichen Veränderungen und die Probleme, die die einfachen Menschen und die Zukunft des Planeten insgesamt betrafen. Er stand unbeirrt und unverändert an der Seite derjenigen, die weiterhin für eine freie und sozialistische Zukunft kämpfen.

Hasta la victoria, siempre.

Partido Comunista de España«

Hans Modrow war ein konstruktiver Vermittler in Korea. An seinem 90. Geburtstag gratulierten darum gemeinsam die Botschafter der beiden Staaten: Jong Bum-goo (r.) aus Südkorea und Pak Nam-yong aus Nordkorea. Beide Vertretungen kondolierten auch

23. Februar 2022: Modrow und Netschajew

Sergeij J Netschajew, russischer Botschafter:
»Herr Modrow wird uns immer in Erinnerung bleiben als ein guter Freund und ein treuer Befürworter der Förderung und nachhaltigen Entwicklung partnerschaftlicher und freundschaftlicher Beziehungen zwischen Russland und Deutschland. Als Vorsitzender des Ältestenrates der Partei DIE LINKE hat er als weitsichtiger und prinzipientreuer Politiker sich stets für gegenseitige Verständigung zwischen unseren Völkern stark gemacht.«

Christiane Reymann und Wolfgang Gehrcke, Berlin:
»Wenn wir an Hans denken, kommt uns immer wieder das Brecht-Gedicht über die Teppichweber von Kujan-Bulak in den Sinn. Es hat ja den Grundgedanken, dass sie Lenin dadurch ehrten, indem sie sich selber nützten. So wollen wir es mit Hans und den Kampf um Frieden halten. Hans zu ehren heißt auch, Eitelkeiten nicht nachzugeben. Hans war politisch immer klar

und eindeutig, aber er hat sich nie selbst in den Mittelpunkt gestellt – manchmal fanden wir: leider nicht!«

Die Protokolldirektion des Europaparlaments kondolierte aus Strasbourg am 14. März und bat Mitglieder und Personal (members and staff), des verstorbenen Europaabgeordneten Modrow zu gedenken.

中华人民共和国驻德意志联邦共和国大使馆

BOTSCHAFT DER VOLKSREPUBLIK CHINA
IN DER BUNDESREPUBLIK DEUTSCHLAND

Berlin, den 15. Februar 2023

Sehr geehrte Frau Wissler,

Sehr geehrter Herr Schirdewan,

schweren Herzens habe ich erfahren müssen, dass der wichtige deutsche Politiker Hans Modrow von uns gegangen ist. Ihnen und den Familienangehörigen vom Herrn Modrow möchte ich, auch im Namen der chinesischen Botschaft, Mitgefühl und Anteilnahme aussprechen.

Mit dem Tod von Herrn Modrow verliert nicht nur die Linke einen Weisen, sondern auch das chinesische Volk einen alten Freund, der sich um die bilaterale Zusammenarbeit sowie das gegenseitige Verständnis beider Völker verdient gemacht hat. Er und seine Leistungen werden nie vergessen.

Mit stillen Grüßen

(WU Ken)
Botschafter der Volksrepublik China

By CHRISTOPHER F. SCHUETZE

> A prime minister
> who helped secure
> a peaceful transition
> to a free country.

Hans Modrow in 2010

Hans Modrow in 1990. In East Germany's Communist Party, he was compared to the Soviet leader Mikhail S. Gorbachev.

Nachruf in der New York Times, *16. Februar 2023,*
und in der Londoner Times *am 20. März 2023 (unten)*

Hans Modrow

Last Communist prime minister of East Germany, who was
unable to slow the gathering momentum for reunification

Modrow, right, with Helmut Kohl, the West German leader, in 1989.

**He was widely seen
as a reformer and
drew comparisons
with Gorbachev**

ZEIT IM OSTEN

ALS ER FORTGING

Wo sitzen Egon Krenz und Gerhard Schröder in der ersten Reihe, und wo singt Gregor Gysi
›Jugend aller Nationen‹? Bei der Trauerfeier für Hans Modrow. Eine Reportage VON CHRISTOPH DIECKMANN

Hans Modrow bei der Volkskammerwahl am 18. März 1990. Er regierte die DDR bis zum April des ersten Jahres.

Eine Karriere als Funktionär

Arbeiteten Gerhard Schröder und Ministerpräsident/-enden Egon Krenz beim Abschied von Modrow: Vorige Woche

---

Bericht von der Veranstaltung für Hans Modrow in der Hamburger Zeit *vom 23. März 2023. Allerdings nicht gedruckt, sondern ausschließlich in der Online-Ausgabe*

Anlagen

An die Vorsitzenden der Partei DIE LINKE
Susanne Henning-Wellsow und Janine Wissler
Kleine Alexanderstraße 28
10178 Berlin

Berlin, 17. Januar 2022

Liebe Susanne, liebe Janine,

zum ersten Mal seit vielen Jahren blieb ich dem stillen Gedenken in Berlin-Friedrichsfelde fern, um gemeinsam mit Euch und vielen anderen jene zu ehren, auf deren Schulter unsere Partei steht. Ich fehlte nicht aus politischen Gründen, wie manch anderer, sondern aus gesundheitlichen: Ich lag im Krankenhaus. Die medizinischen Diagnosen sind nicht eben freundlich, weshalb ich es für angezeigt halte, meine Angelegenheiten zu regeln. Darum auch dieser Brief.

Die Partei DIE LINKE – hervorgegangen aus WASG und PDS, und diese wiederum aus der SED, welche ihre organisatorischen Wurzeln in der KPD und der SPD hatte – befindet sich in einer kritischen Situation. Diese entstand nicht erst durch das desaströse Resultat bei den Bundestagswahlen. Das Ergebnis machte die innere Verfasstheit lediglich sichtbar. Wenn die Partei sich nicht im Klaren ist, wofür sie steht und was ihr Zweck ist, wissen dies auch nicht die Wähler. Warum sollen sie ihre Stimme einer Partei geben, deren vordringlichstes Interesse darin zu bestehen scheint, mit SPD und Grünen eine Regierung bilden zu wollen?

Dass diese Vorstellung offenkundig in der Führung und unter den Mandatsträgern dominiert, ist weder dem Wirken einzelner Genossinnen und Genossen zuzuschreiben noch das Resultat einer einzigen falschen Entscheidung. Es ist Folge einer jahrelangen, jahrzehntelangen Entwicklung. Wann dieser Prozess einsetzte und wer ursächlich dafür verantwortlich zeichnet, lässt sich so wenig beantworten wie die Frage, ob der Realsozialismus nach dem XX. Parteitag der KPdSU 1956 oder mit dem Prager Frühling 1968 hätte gerettet werden können. Wir wissen es nicht.

Wir kennen jedoch die demokratischen Spielregeln. Wir haben uns auf sie eingelassen wie wir eben auch die gesellschaftliche Realität zur Kenntnis nehmen müssen, ob uns diese nun gefällt oder nicht. Schon Bismarck wusste und handelte entsprechend: »Wir müssen mit den Realitäten wirthschaften und nicht mit Fictionen.«

Zu den demokratischen Spielregeln gehört es, dass nach einer krachenden Niederlage alles auf den Prüfstand gestellt werden muss. Die kritische Selbstbefragung schließt Personalien zwingend mit ein. Denn wenn alle Verantwortlichen im Amt bleiben, bleibt auch sonst alles beim Alten. Es genügt nicht, Kreide zu fressen und Besserung zu geloben. Aus einem mit politischem Mandat ausgestatteten Saulus ist bislang noch nie ein Paulus geworden. Das war eine biblische Legende.

Das Maß der Mitverantwortung ist bei jedem Parteimitglied unterschiedlich groß, am größten aber bei jenen, die die Partei führen. Der Bundesgeschäftsführer zum Beispiel trägt eine größere Verantwortung für Wahlstrategie und inhaltliche Ausrichtung der Partei als ein einfaches Parteimitglied – man kann sagen: eine ent-

Am 14. März 2021 wurde die wegen einer Bombendrohung im Januar ausgefallene LL-Demonstration nachgeholt. Die im Februar gewählte neue Parteivorsitzende Janine Wissler war zum ersten Mal in der Gedenkstätte der Sozialisten und wurde von Hans Modrow über die Geschichte aufgeklärt. Sie war in Eile und sagte: Darüber müsse man mal reden ... Dieses Gespräch fand nie statt

scheidende. Ansagen der Parteivorsitzenden finden eine höhere Verbreitung als die Meinung einer Basisgruppe; was in der Bundestagsfraktion gesagt wird besitzt eine andere Wirkung als etwa eine Erklärung des Ältestenrates.

Deshalb denke ich, dass ein Neuansatz in der Parteiarbeit nicht ohne personelle Konsequenzen erfolgen kann. Der Parteitag im Sommer in Erfurt ist nach meiner Überzeugung dafür die letzte Chance, es wird keine weitere geben.

In der Partei, aus der ich komme, kursierte die Losung von der Einheit von Kontinuität und Erneuerung, wobei jedermann und jedefrau sah, dass die Erneuerung allenfalls Phrase war, um die Stagnation zu verdecken. Wohin dies am Ende führte, wissen wir alle. Marx irrte vielleicht doch, wenn er – Hegel zitierend – meinte, dass sich Geschichte zwei Mal zutrüge: »das eine Mal als Tragödie, das andere Mal als Farce«. Auch wenn sich Geschichte in Wahrheit nicht wiederholt, sind Analogien nicht völlig von der Hand zu weisen. Nach meinem Eindruck scheinen sich in unserer Partei bestimmte Prozesse zu wiederholen. Die SED ging zugrunde, weil die Führung selbstgefällig und arrogant, unbeirrt und unbeeindruckt ihren Kurs verfolgte und ignorierte, was die kritische Basis daran anstößig fand. Damit zerstörte diese Führung objektiv die Partei von oben. Das Ende ist bekannt.

Am Ende meiner Tage fürchte ich die Wiederholung. Die politischen Folgen des Scheiterns vor mehr als dreißig Jahren können wir im Osten Deutschlands besichtigen. Die Folgen des Scheiterns der Linkspartei werden ganz Deutschland und die europäische Linke insgesamt treffen. Das eine wie das andere ist irreparabel. Dessen sollten wir uns bewusst sein! Wir tragen darum eine große Verantwortung – jede Genossin, jeder Genosse und die Partei als Ganzes.

Als Vorsitzender des Ältestenrates war ich mir immer dieser Verantwortung bewusst. Wir haben gemäß der Bundessatzung der Partei gehandelt: »Der Ältestenrat berät aus eigener Initiative oder auf Bitte des Parteivorstandes zu grundlegenden und aktuellen Problemen der Politik der Partei. Er unterbreitet Vorschläge oder Empfehlungen und beteiligt sich mit Wortmeldungen an der parteiöffentlichen Debatte.« Allerdings musste ich, mussten wir erleben, dass unsere Vorschläge und Empfehlungen ohne sichtbare Wirkung blieben, weshalb ich wiederholt auch öffentlich die Frage stellte, ob es dieses Gremiums überhaupt bedarf. Wir waren augenscheinlich überflüssig und lästig, was die Ignoranz deutlich zeigte. Unsere Erfahrungen brauchte niemand.

Natürlich gibt es – wie in jeder Familie – auch in unserer Partei einen Generationenkonflikt. Die Neigung der Nachwachsenden, den Rat der Alten als Belehrung oder Bevormundung zu empfinden, ist mir nicht fremd: Ich war schließlich auch einmal jung. Zu diesem Konflikt kommt auch noch der der unterschiedlichen Herkunft. Wer im Osten geboren und aufgewachsen ist, hat eine andere Sozialisation erfahren als die Genossinnen und Genossen aus dem Westen. Sozialisation schließt ein: Bildung, Sprache, Umgangsformen, Mentalität, Erfahrung, Stabskultur … Das alles schwindet mit den Jahren, wie eben deren Träger auch verschwinden. Es wirkt jedoch nach. Über Generationen. Die Ostdeutschen, auch das muss gesagt sein, sind nicht die besseren Menschen. Sie sind anders. Das sollte sowohl in der Partei selbst als auch in ihrer politischen Arbeit bedacht werden. Geschieht das nicht, erhält man – wie jüngst geschehen – bei Wahlen die Quittung. Bundestagswahlen gewinnt man nicht im Osten, aber man verliert sie dort.

Ich kann mich nicht des Eindrucks erwehren, dass auch die Partei wie seinerzeit das östliche Land inzwischen in westdeutscher Hand ist. Ihre Vertreter und Verbündeten geben den Ton an. Wie im Staat gibt es keine Einheit, ich nenne den Zustand Zweiheit. Und das scheint nunmehr auch in der Partei der Fall zu sein.

Ja, ich weiß, die Zusammensetzung der Partei hat sich geändert, viele junge Leute aus West wie Ost sind hinzugekommen. Sie kommen vornehmlich aus Städten und nicht vom Lande, haben andere Bedürfnisse und Interessen als wir damals, als wir in ihrem Alter waren. Um so wichtiger ist, dass wir ihnen bewusst machen, aus welcher traditionsreichen Bewegung ihre/ unsere Partei kommt, was ihre Wurzeln sind und wofür Generationen gekämpft haben: nämlich nicht für die Stabilisierung des kapitalistischen Systems, sondern für dessen Überwindung. Und den Charakter des Systems erkennt man nicht mit Hilfe des Ausschnittdienstes und der sogenannten sozialen Medien, sondern aus Theorie und Praxis und deren Verbindung. Ich scheue mich deshalb nicht, eine systematische politische Bildungsarbeit in der Partei zu fordern. Natürlich ist das kein Allheilmittel, aber nützlich, um die Welt zu erkennen und zu bestimmen, was die Aufgabe der Partei ist.

Auch wenn deren Zustand im steten Wandel begriffen ist, ändert sich der Charakter der Klassengesellschaft nicht. Lautmalerei, Anglizismen und Gendern oder der Kampf gegen die Klimakatastrophe überwinden die sozialen Gegensätze in der bürgerlich-kapitalistischen Gesellschaft nicht. Das vermeintliche Verschwinden des

Industrieproletariats hat doch die Arbeiterklasse nicht ausgelöscht. Die Sozialforschung spricht inzwischen vom Dienstleistungsproletariat, und meint jene abhängig Beschäftigten, die für wenig Geld arbeiten müssen, um zu existieren: Krankenschwestern und Pfleger, Verkäuferinnen im Supermarkt und Außendienstmitarbeiter in Logistikunternehmen, Angestellte bei der Post, im Handel, in der Gastronomie und im Tourismus und so weiter. Sie machen laut jüngsten Untersuchungen inzwischen bis zu sechzig Prozent der Beschäftigten aus und sind kaum gewerkschaftlich organisiert. Sie sind ebenso Arbeiterklasse wie die etwa achtzehn Prozent in Industriebetrieben Tätigen. Diese nahezu vier Fünftel der Gesellschaft kommen in der Wahrnehmung unserer Partei kaum vor. Es ist ja keine Klasse, keine Mehrheit, nur eine Randerscheinung …

Nicht weniger gefährlich ist diese absurde Äquidistanz zur Außenwelt. Man kann nicht zu allen Bewegungen und Staaten den vermeintlich gleichen ideologischen Abstand halten. Wer in das gleiche Horn stößt wie die kapitalistischen Kritiker Russlands und Chinas, Kubas, Venezuelas usw. macht sich objektiv mit ihren erklärten wirtschaftlichen und politischen Gegnern gemein. Wollen wir ihnen im Kalten Krieg behilflich sein beim Anrichten eines Scherbenhaufens wie in den Staaten des arabischen Frühlings, in Afghanistan, in der Ukraine und in anderen Staaten, wo die Geheimdienste und die Militärmaschinerie des Westens wüteten? Natürlich sollen wir nicht alles gutheißen, was in anderen Ländern geschieht. Aber bei unserer Beurteilung ist es nicht nur nützlich, sondern auch nötig, die Perspektive der anderen einzunehmen. Im Kampf um den Frieden darf es keine Neutralität geben. Der christlich-europäische Kulturkreis, aus dem wir ebenso kommen wie Karl Marx und der ganze Kapitalismus, kann nicht die Elle sein, mit der wir die Welt vermessen. Es gibt Kulturvölker, die uns Jahrtausende voraus sind. Und es gibt Prioritäten, die auch Willy Brandt setzte: Frieden ist nicht alles, aber ohne Frieden ist alles nichts.

Liebe Susanne, liebe Janine, ich kann versprechen, Euch künftig mit Schreiben wie diesem zu verschonen. Meine Kraft ist aufgezehrt, ich kann nur auf die Enkel hoffen, die es besser ausfechten. Da schwingt Hoffnung mit. Und die stirbt bekanntlich zuletzt.

In solidarischer Verbundenheit
Hans Modrow

Hans Modrow und Walter Ulbricht, 1962

DDR-Ministerpräsident Hans Modrow in Moskau bei Staats- und Parteichef Michail Gorbatschow, als bereits alle Messen gesungen waren, Februar 1990

Ein bodenständiger Internationalist

Wolfgang Hübner in nd.der tag, *16. März 2023*

»Das Leben hat es gut mit mir gemeint« – wohl dem, der am Ende seiner Tage so zurückblicken kann, mit sich selbst im Reinen. Hans Modrow war das vergönnt; jedenfalls ist dieses Bekenntnis aus seiner letzten Lebensphase überliefert. Nach einer Jahrhunderterfahrung, der es an Höhen wie an Tiefen wahrlich nicht fehlte, in der er Weltgeschichte erlebte, ein wenig auch prägte. Geboren 1928, als Jugendlicher in die letzten Kriegswirren hineingezogen, jahrelange Kriegsgefangenschaft in der Sowjetunion. Rückkehr nach Deutschland, Bekenntnis zum Neuaufbau und zum Sozialismus in der DDR, Studium in Moskau, Funktionen in FDJ und SED. Schließlich, im Wendeherbst 1989, Ministerpräsident der DDR: der Versuch, aus dem Zusammenbruch des Staatssozialismus einen Neubeginn zu machen und – als das unmöglich wurde – die DDR-Bürger mit Würde ins vereinte Deutschland zu führen.

Das ist es, was die politische Bedeutung des Hans Modrow ausmacht und was in Erinnerung gerufen wurde, nachdem er am 10. Februar dieses Jahres gestorben war, kurz nach seinem 95. Geburtstag. Nun, einige Wochen später, gedachten Familie, Freunde und Weggefährten des Politikers mit einer Trauerfeier. Mehrere Hundert Menschen kamen am Mittwochnachmittag ins nd-Gebäude am Berliner Franz-Mehring-Platz. Weil der Willi-Münzenberg-Saal längst nicht alle Gäste fassen konnte, wurde die Veranstaltung in mehrere andere Säle übertragen.

Viele waren unter den Teilnehmern, die mit Modrow in der SED, der PDS, der Linkspartei zusammengearbeitet haben. Auch einige von denen, die Modrow mit seiner Kritik nicht verschont hatte. Denn so nüchtern-sachlich Modrow oft analysierte – er war auch ein Freund der sehr deutlichen Worte. Wenn ihn der Zustand seiner Partei besorgte, dann ließ er das wissen. Und Modrow sorgte sich oft, bis zuletzt. Davon könnten zum Beispiel die Linke-Politiker Gregor Gysi und Dietmar Bartsch berichten, die zur Trauerfeier gekommen waren, ebenso die Linke-Vorsitzende Janine Wissler und Bundesgeschäftsführer Tobias Bank. Anwesend auch Egon Krenz, der letzte Generalsekretär der SED, der ehemalige Bundeskanzler und SPD-Politiker Gerhard Schröder und die Linke-Abgeordnete Sahra Wagenknecht, die Botschafter Japans und Nordkoreas.

Modrow sei der »vielleicht am meisten unterschätzte Staatsmann in der deutschen Geschichte«, sagte sein Freund, Verleger und in den letzten Jahren oft auch Berater und Begleiter Frank Schumann. Er bezog sich auf Modrows maßgeblichen Anteil daran, dass der Übergang der DDR ins vereinigte Deutschland friedlich und ohne einen Schuss verlief.

Ein Verdienst, das auch der Vorsitzende der Linke-Bundestagsfraktion, Dietmar Bartsch, hervorhob. Bartsch erinnerte an den SED-Sonderparteitag Ende 1989, als die Existenz der Partei in Frage stand. Ein Teil der Delegierten forderte die Auflösung und eine Neugründung; Modrow wandte sich mit einer vehementen Rede dagegen und wies darauf hin, dass er als Ministerpräsident ohne stützende Partei und Fraktion in der Volkskammer nicht handlungsfähig wäre. Letztlich habe Modrow so, sagte Bartsch, entscheidend dazu beigetragen, dass es bis heute eine nennenswerte sozialistische Partei in Deutschland gibt.

Modrow war ein »Parteipolitiker aus vollem Herzen« (Bartsch), aber »kein Apparatschik, sondern ein Mensch voller Herzenswärme«, wie die Ökonomin Christa Luft feststellte, die in der Regierung Modrow 1989/90 Wirtschaftsministerin und Modrows Stellvertreterin war. Sie habe in ihrem Leben viele Chefs gehabt, aber keinen wie diesen: volle Einsatzbereitschaft fordernd, »bis hin zur Askese«, gleichzeitig offen für Ratschläge, die er nicht nur annahm, sondern auch einforderte.

Luft gehört zu denen, die bis zuletzt Kontakt zu Hans Modrow hatten, auch dann, als es ihm gesundheitlich gar nicht mehr gut ging. Zwei Dinge hätten ihn gequält, erinnerte sie sich an die letzten Begegnungen: die problematische Entwicklung der Linkspartei, deren Ältestenrat Modrow lange durchaus streitbar geleitet hatte.

Und der russische Einmarsch in die Ukraine, »befehligt von der Führung des Landes, dem er sich zeitlebens verbunden fühlte« und dessen widersprüchliche Vorgeschichte man nicht ausblenden dürfe.

Hans Modrow, sagte Bartsch, wollte 1990 erreichen, dass die Ostdeutschen erhobenen Hauptes in die deutsche Einheit gehen können. Er war »ein Ministerpräsident des Übergangs, aber kein Premier der Übergabe«. Bis zuletzt bedankten sich Menschen bei ihm dafür, dass durch das von ihm initiierte sogenannte Modrow-Gesetz die Einfamilienhäuser vieler Ostdeutscher nicht enteignet wurden. So wird er vielen in Erinnerung bleiben – als empathischer Politiker, der sich für seine Umgebung interessierte und für die weite Welt. Der bis ins hohe Alter ein gefragter Gast und Gesprächspartner in Osteuropa, Asien und Lateinamerika war. Wie Dietmar Bartsch es formulierte: ein nahbarer, bodenständiger Internationalist.

Trauerfeier für Hans Modrow ohne Repräsentanten des Staates

Maritta Adam-Tkalec in der Berliner Zeitung, *16. März 2023*

Hans Modrow, Ministerpräsident der DDR vom 13. November 1989 bis zum 14. April 1990, hat doch noch eine würdevolle Trauerfeier bekommen. Wehmütig, aber auch ein bisschen heiter, mit Musik und vielen Bildern aus einem Leben, wie es nur im vergangenen Jahrhundert geschehen konnte – zwischen Zweitem Weltkrieg, sowjetischer Gefangenschaft, DDR-Aufbau und Aufstieg bis ins höchste Regierungsamt eines seinem Ende entgegen gehenden Staates.

Hans Modrow sicherte als Ministerpräsident mit SED-Parteibuch den friedlichen und gesitteten Übergang der DDR in das vereinigte Deutschland, organisierte die Wahlen, die in der Auflösung des eigenen Staates enden sollten, und versuchte bis zum letzten Tag, möglichst viel von dem hinüberzuretten ins neue Deutschland, was bewahrenswert war.

Dass vieles nicht gerettet werden konnte, lag nicht an ihm, sondern am steinernen Unwillen der Kohl-Regierung, irgendetwas von der DDR als bewahrenswert anzuerkennen – ob Berufsabschlüsse, Gesundheitssystem oder Kindergärten. Als Denkmal für den Verstorbenen wird das Modrow-Gesetz bleiben, mit dem er verhinderte, dass DDR-Familien aus ihren Wohnhäusern vertrieben wurden.

Auch in den neuen Verhältnissen verkroch sich Modrow nicht. Er, der ewig politische Mensch, arbeitete als Abgeordneter der Volkskammer, des Bundestags, des Europaparlaments und im Ältestenrat seiner Partei, der Linken. Frank Schumann, sein Freund und Verleger, nannte ihn »den am meisten unterschätzten Staatsmann Deutschlands«. Wie auch immer man zu seinem politischen Leben steht, auch zu jenem Teil als Funktionär der FDJ und der SED, der Anstand gebietet, sich vor Hans Modrows Lebensleistung zu verneigen.

Das haben Vertreter der Bundesrepublik nicht vermocht. Kein Einziger war am Mittwochnachmittag zu der Trauerfeier in Berlin erschienen, niemand von jenen, die mit ihm und seiner Regierung den Weg in die Zukunft gestalteten. Nicht einmal ein Kondolenzschreiben ging ein. Bis heute ist die politische Klasse der Bundesrepublik unfähig, die Leistungen Ostdeutscher für den friedlichen Verlauf des Vereinigungsprozesses anzuerkennen.

Gerhard Schröder, der mit seiner Frau So-yeon Schröder-Kim gekommen war, sprach minutenlang, aller drei Hände ineinandergelegt, mit Gabriele Lindner, Modrows Lebensgefährtin während der letzten 18 Jahre. Ihn, immerhin ehemaliger Bundeskanzler und also Regierungschef wie der Verstorbene, wird allerdings niemand als offiziellen Vertreter des Staates betrachten.

Egon Krenz, langjähriger Weggefährte Modrows, nahm die Verweigerung des letzten Respekts empört zur

Kenntnis: »Das ist unerhört und würdelos«, sagte er. Angemessen wäre eine Kondolenz des Bundespräsidenten gewesen.* Hans Modrow hätte der demonstrative Mangel an Respekt vermutlich nicht verwundert, er hat zahllose Demütigungen vonseiten seiner westlichen Gegenüber erfahren – und stellvertretend für die Bürger der DDR ertragen. Ein Trauerredner zitierte einen seiner Sprüche: »Knatsch haben alle, kommt drauf an, was man daraus macht.«

Egon Krenz und Gerhard Schröder saßen nebeneinander in der ersten Reihe, man plauderte freundlich miteinander – zum ersten Mal seit ungefähr vierzig Jahren. »Als sei nichts gewesen«, sagte Krenz hinterher voller Erstaunen. Ein SED-SPD-Gipfel war das nicht, mit den jeweiligen Parteien hat der eine nichts mehr und der andere nur Unangenehmes zu tun. Aber beide waren angereist, um einer historisch verdienstvollen Persönlichkeit die letzte Ehre zu erweisen.

Weder die Partei Die Linke, deren Mitglied Hans Modrow bis zuletzt war und deren Entwicklung er zunehmend verzweifelt sah, noch die parteinahe Rosa-Luxemburg-Stiftung hatten es vermocht, eine Trauerfeier auszurichten. Das übernahm ein privater Freundeskreis. Hunderte Gäste waren gekommen, der Münzenberg-Saal im Gebäude des *Neuen Deutschland* war mit 250 Menschen beizeiten überfüllt, viele Menschen fanden Platz in einem anderen Saal und konnten der Feier per Video-Übertragung folgen.

Die erschienenen Vertreter der Partei Die Linke verteilten sich über den Saal, als ob größte Distanz gewahrt werden müsste. Sahra Wagenknecht blieb vier Reihen hinter dem Linke-Fraktionsvorsitzenden Dietmar Bartsch ganz unauffällig. In deutlichem Abstand saß der vom Anlass sichtlich mitgenommene Gregor Gysi. Irgendwo hinten waren auch Co-Parteichefin Janine Wissler, die zweite Fraktionsvorsitzende Amira Mohammed Ali und etliche andere auszumachen. Vor einem Jahr noch hatte Modrow flehentlich in einem Brief an die Parteispitze appelliert, die Existenz der Linken nicht aufs Spiel zu setzen.

Dietmar Bartsch, »ein Fischkopp wie der Pommer Hans«, wie er sagte, hielt schließlich eine gute Trauerrede. Er würdigte Hans Modrow als »Mitgestalter des Jahrhunderts«, erinnerte an seine Nahbarkeit, Bodenständigkeit und Geradlinigkeit. Oft habe er zwischen allen Stühlen gesessen, von den SED-Oberen misstrauisch beäugt, vom BND jahrzehntelang »beobachtet«, in Bonn strikt abgelehnt, von seiner Partei skeptisch und von der Bevölkerung mit gemischten Gefühlen betrachtet. In der DDR als Hoffnungsträger gehandelt, im Westen gar als »Gorbatschow der DDR« betitelt, sei er von den Meinungsführern im wiedervereinigten Deutschland zum »Schurken« und »Ewiggestrigen« gemacht worden, habe »Strafrente statt Bundesverdienstkreuz« bekommen.

Bartsch erinnerte daran, dass Hans Modrow zu den Mitbegründern des FC Union Berlin gehörte, dass die Initiative zum Wiederaufbau der Dresdener Semperoper von ihm, seinerzeit SED-Bezirkssekretär, ausging. Zuletzt sei er, der ja schon einen Krieg mitgemacht hatte, bestürzt gewesen wegen der Entwicklungen in Osteuropa und im Nahen Osten. Im letzten Gespräch an Modrows 95. Geburtstag am 27. Januar 2023 habe dieser, vor allem mit Blick auf seine Familie aber auch gesagt: »Mit mir hat es dieses Leben gut gemeint.«

Christa Luft, die Modrow zur Wirtschaftsministerin und seiner 1. Stellvertreterin ernannt hatte, berichtete aus den gemeinsamen Erfahrungen mit der Kohl-Regierung: »Die fanden den Wunsch, Zukunftsfähiges aus der DDR mitzunehmen, anmaßend.« Modrow habe die demütigenden Anwürfe aus Politik und Medien »souverän pariert«.

Daran schloss die Schriftstellerin Daniela Dahn an und berichtete über ihre Recherchen zum Ablauf der entscheidenden Phase in den Wochen vor den Volkskammerwahlen am 18. März 1990, über offenkundige Lügen des Kanzlerbeauftragten Horst Teltschik und das willfährige Verbreiten von Falschmeldungen über angebliches DDR-Chaos im Spiegel.

Hartmut König, unter anderem als Sänger und Textes des »Oktoberklubs« bekannt, trug ein Lied vor, das er, mittlerweile Mitte 70, als 18-Jähriger geschrieben hatte: »Wasser fließt nicht von selbst bergauf, Kriege hören nicht von selber auf ...« und sprach damit den Wunsch nach Frieden aus, den Hans Modrow ganz gewiss mit der Mehrheit der Anwesenden teilte.

Das vom Politiker Modrow in öffentlichen Äußerungen am meisten benutzte Wort war sicherlich »Verantwortung«. Seine Lebensgefährtin Gabriele Lindner nannte in ihrer Rede ein weiteres, ihm sehr wichtiges:

Anstand. Sprach er ein Verdikt aus, dann sagte er: »Das ist einfach unanständig.« Das Gefühl hatte sicherlich auch Angela Merkel getrieben, als sie einem Land, das Flüchtlingen die Hilfe verweigern würde, den Anstand absprach. Nun könnte man mit Merkel sagen: Ein Land, das einem Menschen wie Hans Modrow die letzte Ehre verweigert, ist nicht mein Land. So vertieft man die Distanz zwischen Ost und West weiter. Auch Angela Merkel hat nicht nach dem Füllfederhalter gegriffen und ein kleines Kondolenzschreiben für einen beharrlichen, von allen Eitelkeiten freien Helden des friedlichen Übergangs verfasst.

Die Beerdigung fand bereits eine Woche zuvor im kleinsten Familienkreis statt. Das Grab ist zu finden auf dem Dorotheenstädtischen Friedhof – genauer: Dorotheengarten, Reihe 5, Grab 5. Ein kleiner, bescheidener Grabstein ganz nach Modrow-Art.

* Unter den während der Trauerfeier an der Rezeption des Hauses abgegebenen Kondolenzen befand sich auch ein Schreiben aus dem Bundespräsidialamt. Auf dem Umschlag stand nur »Frau Gabriele Lindner«, keine Adresse, kein Absender. So, als hätte jemand im allerletzten Moment pflichtschuldig daran gedacht, einen Gruß zu übermitteln. Drinnen ein Blatt mit dem geprägten Bundesadler, Datum »Berlin, im Februar 2023. Text: »Sehr verehrte Frau Lindner, die Nachricht vom Tode von Hans Modrow hat mich traurig gemacht. Ich spreche Ihnen und allen Angehörigen mein tief empfundes Beileid aus. Hans Modrow wird als Person der Zeitgeschichte in Erinnerung bleiben. Sein Name ist für Millionen Deutsche in Ost und West untrennbar mit dem Fall der Mauer und der deutschen Wiedervereinigung verbunden. In dieser schweren Zeit wünsche ich Ihnen Kraft und die Gemeinschaft mit Menschen, die Ihnen mit Trost und Hilfe zur Seite stehen. Mit stillem Gruß Frank-Walter Steinmeier.«

Ein Mann, ein Thema, eine Partei: Modrow auf einem
Forum in den Neunzigern, unten: im Bundestag 2012

April 1992, im Landgericht Dresden. Hans Modrow war angeklagt, die Ergebnisse der Kommumalwahlen im Mai 1989 gefälscht zu haben. Draußen demonstrierten Sympathisanten, drinnen gab er eine Pressekonferenz

Interview im Großen Haus

Die Schweizer Fotografin und Journalistin Vera Rütti-mann begleitete Hans Modrow Anfang der 90er Jahre durch die DDR. Ihre Bilder von damals sind zeitge-schichtliche Zeugnisse. Sie stellte diese für die Dia-Show, mit der vor Beginn der Trauerveranstaltung im Mün-zenberg-Saal an den Verstorbenen erinnert wurde.

Hans Modrow, das ist sicher, ist der ungewöhnlichste Mensch, den ich in meinem Leben bislang kennen ler-nen konnte. Es war im September 1990 bei einem Interview für eine Schweizer Zeitung. Mich trieb die Neugier »zur anderen Seite«, zum Osten, in die Noch-DDR. Zur »Rückseite des Mondes«. So weit weg war das von meiner damaligen Welt.

Die Stimmung in jenen Tagen war erfüllt von einem aus heutiger Sicht fast irrealen »Alles ist möglich«. So lief ich zu Hans Modrows Büro, das sich im Großen Haus, dem früheren Sitz des ZK der SED, befand. Ich fragte um ein Interview mit ihm an. Und bekam es prompt. Ich war 22, besetzte im Prenzlauer Berg leer-stehende Häuser. Und nun traf ich auf den ehemaligen DDR-Staatschef.

Mit Hans Modrow verstand ich mich auf Anhieb. Er hatte nichts Distanziertes an sich. Ich war überrascht von dieser unerwarteten Spontaneität und seiner Herz-lichkeit.

Für eine Reportage durfte ich ihn durch seinen Wahlkreis in Mecklenburg-Vorpommern begleiten. Am 2. Dezember 1990 standen die ersten gesamtdeutschen Bundestagswahlen an. Wer war ich? Ich wusste von der DDR damals noch wenig. Mit meinem Fotografieren und Schreiben stand ich erst am Anfang. Aber ich wollte um nichts auf der Welt jetzt genau hier sein: In der Post-DDR. In Ost-Berlin. In dieser historischen Transformation. Und dieser Hans Modrow nahm mich tatsächlich mit auf PDS-Wahltour. Nur er, sein Fahrer und ich. Mehrere Tage im Zeitraum von drei Wochen.

Hans Modrow hatte eine faszinierend facettenreiche Gesichtslandschaft. Sein Gesicht war ein Kompass durch das Chaos des deutsch-deutschen Einheitsprozesses. Seine steil hoch gezogenen Augenbrauen verrieten

In einer Gärtnerei in Mecklenburg-Vorpommern auf Wahlkampftour, Herbst 1990

gleichermaßen Unmut und Irritation, der zum geraden Strich verzogene Mund Nachdenklichkeit. Leider zeigten die Medien viel zu oft unvorteilhafte Bilder von ihm. Den Ost-Politiker, an dessen Kopf (optisch) Teufelshörner herauswuchsen. Dabei konnte er jungenhaft in die Kameralinse lachen.

Ich brannte vor Neugier. Rasch wurde mir seine Partei, die PDS, für eine gewisse Zeit eine Art Heimat. Dieses Interesse an ihr hing nicht nur mit Hans Modrow zusammen. Die Debatten auf Parteitagen, in den Plenen und in seiner Privatwohnung zum aktuellen Zeitgeschehen empfand ich als erstklassigen Geschichtsstunden. Ich tauchte mit Anfang zwanzig in diese »rote« Welt ein. Modrow gab mir Bücher von DDR-Autoren wie Christa Wolf, Konrad Wolf und Erik Neutsch.

1. Mai 1992, bei einer Podiumsdiskussion mit Gesine Lötzsch (r.) und Martina Schönebeck

Erklärte mir, wofür welche Denkmäler standen und wer das war auf dem Sockel. Dazu folgten unzählige PDS-Veranstaltungen und Parteitage, wo wir uns sahen. Ich lernte Leute wie Gregor Gysi, Lothar Bisky, Egon Bahr und viele prominente Politiker kennen.

1993 wurde Modrow in Dresden angeklagt und rechtskräftig zu einer Bewährungsstrafe verurteilt. Unter anderem wegen Wahlfälschung im Mai 1989 bei den DDR-Kommunalwahlen und uneidlicher Falschaussage vor Gericht. Viele Wochen saß ich als Prozessbeobachterin für ein Buch (»Der Modrow-Prozess«, erschienen 1993) im Dresdner Landgericht. Hörte zu, notierte viel und versuchte zu verstehen. Und ich litt. Dass ein DDR-Politiker vor ein westdeutsches Gericht gezogen wurde, das verstand ich nicht.

Große Menschenmassen, darunter viele PDS-Genossen, versammelten sich jeden Morgen an der Lothringer Straße in Dresden mit Protest-Plakaten und Nelken.

Plötzlich war Hans Modrow eine Unperson. Ich versuchte diesen Hass zu verstehen. Tauchte tief, sehr tief, in die deutsch-deutsche Geschichte ein. Während des Prozesses in Dresden begann für mich die eigene, persönliche Aufarbeitung von Modrows Vergangenheit. Warum verteidigst du den Bau der Berliner Mauer? Warum wurden so viele Stasi-Akten zerschreddert? Und: Wie hast du dich zum Einmarsch russischer Panzer in Prag 1968 verhalten?

Nach dem »Wahlfälscher«-Prozess veränderte sich Modrow. Er machte ihn verschlossener und härter. Zu spüren bekam ich das immer dann, wenn ich Fragen zu

Moral und Ethik stellte. Nicht immer war ich mit seinen Antworten zufrieden.

2014 trafen wir uns vor dem Eingang der Zionskirche in Berlin, jener Kirche, wo ich gerade eine Fotoausstellung hatte. Einige Kirchgänger sahen uns und fragten mit halb verärgertem Unterton: »Was macht der denn hier?« Andere waren erfreut. Das erstaunte nicht: Modrow, der Atheist, hatte einen Zugang zur Kirche. Er wuchs in einer kinderreichen Familie auf, wurde sogar getauft. Als Jugendlicher, sagte er mir mal, habe er die Kirchenglocke in seiner Dorfkirche geläutet und beim Gottesdienst Blasebalg der Orgel getreten. Erst die Antifaschule in sowjetischer Kriegsgefangenschaft habe ihn auf eine »andere Schiene« gebracht, als er dort erstmals von Karl Marx hörte.

Hans Modrow, das vernahm ich immer wieder, war kein Bonze. Auch befreundete Kirchenleute beschrieben ihn immer wieder als persönlich bescheiden, vernünftig und moralisch integer. Christoph Dieckmann, ein von mir sehr geschätzter Kollege, zitiert in einem Nachruf über Hans Modrow jetzt in der *ZEIT* seinen Vater, einen Pfarrer, der sagte: »Vor Hans Modrow habe ich Respekt, der hat den friedlichen Übergang möglich gemacht.« Das ist, das sind sich alle Kommentatoren einig, sein größtesVerdienst. Leider wird das viel zu wenig gewürdigt.

Gute Gelegenheiten für Treffen waren die Mauerfall-Jubiläen in Berlin. Aber nicht nur dort war er rastlos unterwegs. Wenn ich mit ihm telefonierte, hieß es oft: Morgen fliege ich nach Vietnam, in zwei Wochen nach

Moskau, in zwei Monaten nach China. Er sprach vor Gewerkschaften, in Universitäten oder Akademien. Im Mai 1992 begleitete ich ihn in die Schweiz zu Terminen. Im April 2019 lud ihn die Eidgenössische Technische Hochschule nach Zürich ein, wo er im Audimax zum Thema »30 Jahre nach dem Fall der Mauer – Europa damals und heute«* referierte.

Die Fehler, die während der deutschen Einheit und in der Nachwendezeit gemacht worden sind, der Untergang der DDR und deren Ursachen, die DDR als Unrechtsstaat – das waren Themen, worüber Hans Modrow ausgiebig sprach. Gerade auch vor jungen Leuten. Woher, fragte ich mich oft, hatte er bloss diese Energie?

Auf den Fluren des Karl-Liebknecht-Hauses in Berlin-Mitte habe ich ihn oft angetroffen. Viele Jahre arbeitete er hier dreimal die Woche in seinem Büro. Vor Jahren habe ich ihm mal einen Teddybären aus der Schweiz geschenkt. Zu seiner Stofftiersammlung. Als ich ihn besuchte, sah ich diesen kleinen Bären direkt neben dem ausgestopften Krokodil stehen, das Fidel Castro ihm geschenkt hatte. Dieser Hans Modrow hatte eine weiche Seite. Er konnte aber auch Eisen in seine Stimme legen, wenn ihm etwas gegen den Strich ging.

In seinen letzten Lebensjahren erlebte ich Hans Modrow keinesfalls eingekapselt in seiner Welt und verbittert. Er suchte den Draht zu jungen Leuten, war nahe am Puls der Zeit. Die Klimakatastrophe, die Ausbeutung der Ressourcen und soziale Ungerechtigkeiten – das waren Themen, die ihm auf den Nägeln brannten.

*»Frieden jetzt!« stand auf dem Button, den Modrow auf
dem 2. Parteitag der PDS Ende Januar 1991 trug.
Tage zuvor waren die USA und ihre Verbündeten in den
Irak einmarschiert. Am 26. Januar protestierten über
100.000 Menschen auf dem Berliner Alexanderplatz gegen
diesen imperialistischen Terrorakt. Der Parteitag forderte
in einer Erklärung die sofortige Beendigung des Krieges
und den Rückzug der Bundeswehr aus dem Kriegsgebiet*

Und natürlich zuletzt der Krieg in der Ukraine. Bis zum
Schluss konnte er das Putin-Regimes nicht durch-
schauen. Obwohl er Wladimir Putin persönlich kannte.
»Die Bilder des Krieges«, sagte er in einem Beitrag für
das *Neue Deutschland*, »bringen meine schrecklichen
Jugenderinnerungen zurück. Sie diktieren meine Ge-
fühle. Ich sehe die zerstörten Wohnhäuser, sehe ausge-
brannte Fahrzeuge auf den Straßen und Menschen, die

verzweifelt vor Bomben und Raketen fliehen. Ich fühle mich um fast 80 Jahre zurückversetzt und werde nachdenklich. Europa hatte sich doch geschworen: Nie wieder Faschismus! Nie wieder Krieg! Die Narben sind geblieben – ich spüre sie mit meinen 94 Jahren stärker denn je.«

Immer wieder drehten sich unsere Gespräche auch um das kapitalistische System. In seiner jetzigen Form hatte es sich für ihn längst erledigt. Er hing am Traum von einem demokratischen Sozialismus. Am Traum von einer sozial gerechteren, ja menschlicheren, Gesellschaft. Dafür bewunderte ich ihn. In solchen Punkten waren wir uns stets einig.

In den letzten Monaten wurde es ruhig um Hans Modrow. Die Beine mochten ihn nicht mehr so weit tragen. Und die Querelen mit seiner Partei Die Linke, das wusste ich, setzten ihm seelisch zu.

Hans Modrow hat mein Leben auf vielfache Weise stark geprägt. Meinen Horizont gesprengt. Nach der Begegnung mit ihm auf der PDS-Wahl-Tour im November 1990 gab es ein Vorher und ein Danach. Ich habe durch ihn (und andere) eine deutsche Geschichte. Mit einer starken Ost-Streifung. Eine richtig greifbare. Dresden und Berlin sind mir genauso nahe wie Bern.

Hans Modrow, das ist sicher, ist der ungewöhnlichste Mensch, den ich in meinem Leben bislang kennen lernen konnte.

---

* Der zwanzigminütige Vortrag am 16. April 2019 in Zürich wird nachfolgend erstmals veröffentlicht

30 Jahre nach dem Fall der Mauer – Europa damals und heute

Vortrag von Dr. Hans Modrow,
gehalten in Zürich am 16. April 2019

In den frühen siebziger Jahren erschien ein Roman des deutschjüdischen Schriftstellers Stefan Heym mit dem Titel »Der König David Bericht«. In diesem ging es im Wesentlichen darum, dass im Nachgang historische Vorgänge umgeschrieben wurden, damit diese die Gegenwart und vor allem den Auftraggeber rühmten. Die damalige Literaturkritik in West und Ost, nicht frei vom Zeitgeist, interpretierte diesen Vorgang auf unterschiedliche Weise. Heute, wo es nur noch Westen gibt, ist sie sich einig: Heym attackierte damit den Stalinismus, den Machtmissbrauch, die Zensur und auch den Antisemitismus.

Dabei sind jene, die dies postulieren, sich nicht einmal bewusst, dass sie selbst eigentlich nicht frei sind von jenen Verhaltensmustern, die der DDR-Autor Heym kritisierte.

Mit dem Herbst '89, der DDR im Allgemeinen und ihrem Ende im Besonderen ist es nicht anders.

Seit dreißig Jahre wird ein Bild vornehmlich von jenen gezeichnet, die entweder nicht dabei waren oder aber von Menschen, die sich als Opfer der DDR verstehen. Nun stelle ich keineswegs in Zweifel, dass etliche

Ostdeutsche aus unterschiedlichen Gründen in der DDR nicht heimisch wurden und lieber gingen als blieben. Aber in keinem Staat leben nur glückliche Menschen. Allenfalls im biblischen Paradies – doch auch dort wurde das Machtmonopol repressiv eingesetzt. Bekanntlich wurden die Bürger Adam und Eva ausgewiesen.

In der offiziösen Geschichtsschreibung über die DDR dominiert die sogenannte Opferperspektive. Weil sie die These von der Befreiung stützt und dem vermeintlichen Sieger Lob und Legitimation für sein Tun verschafft. Eine kritische Auseinandersetzung mit dieser Sicht findet allenfalls an der Peripherie und selten im akademischen Raum statt. Die vorherrschende Meinung war und ist die Meinung der in Politik, Medien und Wissenschaft Herrschenden. Widersprechende Zeitzeugen, so sie aus der politischen Klasse der DDR stammen, bekommen entweder einen Maulkorb oder das Etikett »Täter« verpasst. Wer ein gutes Haar an dieser untergegangenen DDR lässt, gilt als ewiggestrig, als unbelehrbar, als dogmatisch und – was ja der Sinn dieser denunziatorischen Übung war und ist – als unglaubwürdig.

Da hilft es auch nicht, wenn man die deutsche Frage in einen internationalen Kontext stellt, wenn man vom Kalten Krieg spricht und beide Seiten zu gleichen Teilen für diesen unfriedlichen Zustand verantwortlich macht. Schuld haben nur die einen: die Verlierer.

Noch weniger hinnehmbar ist, dass man von der »zweiten deutschen Diktatur« spricht und ein Gleichheitszeichen setzt zwischen dem verbrecherischen Nazi-Reich und der zweiten deutschen Republik, der DDR. Einige behaupteten sogar, der Strich auf dem Bahnhof Friedrichstraße in Berlin gliche dem auf der Rampe in Auschwitz. Und da es keine vergleichbaren Leichenberge gab, sprach man ersatzweise vom »Auschwitz der Seelen«. Dass dies nicht nur die Menschen empörte, die die Nazibarbarei in Konzentrationslager und im Exil überlebt hatten und zur Gründergeneration der DDR gehörten, muss ich nicht betonen.

Ich selbst kam 1949 – in jenem Jahr, als die Bundesrepublik und die DDR gegründet wurden – aus sowjetischer Kriegsgefangenschaft. Nicht nach Hause, denn das lag in Pommern und nunmehr in Polen. Die Nazis hatten mich 17-jährig in ihr letztes Aufgebot gesteckt, und ohne jemals einen Schuss abgegeben zu haben, durfte ich vier Jahre lang in den Weiten Russlands Holz schlagen. Aber, und deshalb setze ich dies an den Beginn meines Vortrags: Ich war damals auch mit jener Unwissenheit geschlagen, die die Herrschenden – damals also die Nazi-Clique – brauchen, um Menschen in den Krieg zu schicken. Gegen diese Unwissenheit setzten damals die Sowjets die Aufklärung. In den sogenannten Antifa-Schulen klärten sie deutsche Ex-Soldaten darüber auf, wer diesen Krieg gemacht hatte, warum er geführt wurde, wer davon profitierte und wer dafür bezahlen musste. Auch ich hörte dort zum ersten Male davon.

Kriege werden immer um Territorien, um Rohstoffe und Absatzmärkte, um Macht und Einfluss geführt. Die Ideen, um deren Verbreitung angeblich immer gekämpft würde und die vermeintliche Befreiung von in Knechtschaft gehaltenen Menschen, sind reine Propaganda. Die angebliche »Rettung des Vaterlandes« und die »Beseitigung des jüdischen Bolschewismus« kostete zwischen 1933 und 1945 mehr als fünfzig Millionen Menschen das Leben.

Europa war nach dem 8. Mai 1945 – die Schweiz ausgenommen – ein Leichen- und Trümmerfeld. Und die Siegermächte der Antihitlerkoalition beschlossen in Potsdam die Nachkriegsordnung für den Kontinent. Am 30. Januar 1933 hatte das deutsche Großkapital die Nazis an die Macht gebracht, weil sie sich von ihnen höhere Rendite erwarteten. Ohne diesen 30. Januar 1933 wären zwölf Jahre später in Berlin nicht die Kapitulation besiegelt und Deutschland nicht militärisch besetzt worden. Unmittelbar danach brachen die Interessengegensätze zwischen den einstigen Verbündeten auf, es begann ein Kalter Krieg, der zur Spaltung nicht nur Deutschlands, sondern Europas führte. Die Teilung Deutschlands, die ich bei meiner Rückkehr vorfand, empfand ich stets als Quittung für den von Deutschland 1939 begonnene Eroberungskrieg. Ich war damals elf Jahre alt und daran unschuldig. Doch ich war jetzt nicht nur um eine Erfahrung reicher, sondern nunmehr auch verantwortlich dafür, dass Faschismus und Krieg nie, nie wieder stattfinden durften. Ich hatte meine Lektion in der Kriegsgefangenschaft gelernt.

Die Teilung Deutschlands hielten wir im Osten für einen temporären Vorgang – zumal die Bildung der DDR im Nachgang zur Gründung eines Separatstaates

Bei einer Podiumsdiskussion mit Gregor Gysi, Januar 2013

in den drei westlichen Besatzungszonen erfolgt war. Zwangsläufig. Denn wenn es auf der einen Seite eine Bundesrepublik Deutschland gab, durfte auf der anderen Seite das sowjetisch besetzte Territorium nicht weiter eine Zone bleiben. Auch wenn absichtsvoll bis in die 1960er Jahre Bundeskanzler Adenauer nur von der »Sowjetzone« sprach und später das Kürzel DDR in Anführungszeichen gesetzt wurde.

Erst als 1973 beide deutsche Staaten gleichberechtigte Mitglieder der UNO wurden, zog mit der Entspannungspolitik auch ein wenig Normalität in die deutsch-deutschen Beziehungen. Eine völkerrechtliche Anerkennung der DDR durch die BRD, eine Respektierung ihrer Bürger als Staatsbürger eines anderen Landes erfolgte bis zum Ende 1990 jedoch nie. Aber noch einmal: Die DDR verstand sich mindestens in ihrer Anfangszeit als Provisorium, ihr Parlament hieß »Provisorische Volkskammer«, und in der Nationalhymne sangen wir (erstmals am 6. Oktober 1949): »Auferstanden aus Ruinen / und der Zukunft zugewandt, / lass uns dir zum Guten dienen, / Deutschland, einig Vaterland.«

Meine Partei, die SED, forderte »Deutsche an einen Tisch!«, unterbreitete Vorschläge, wie man zu einer Konföderation käme, und wollte den anormalen Zustand – denn die Teilung Deutschland wurde als widernatürlich empfunden – überwinden. Diese Teilung wurde in der BRD jedoch zementiert. Man lehnte dort die Stalin-Noten von 1952 ab, mit denen Moskau u. a. freie Wahlen in ganz Deutschland und den Abzug aller Besatzungstruppen vorgeschlagen hatte. Die Adenauer-Regierung forcierte stattdessen die Westintegration der Bundesrepublik und die Wiederbewaffnung und grenzte sich vom Osten ab.

Der Beitritt der BRD zur NATO 1955 verursachte auf der Gegenseite die Bildung eines Warschauer Paktes, dem sich die DDR anschloss. Damit wurde die Westgrenze der DDR – im westdeutschen Sprachgebrauch fälschlich immer als »innerdeutsche Grenze« bezeichnet – zur Ostgrenze der NATO in Europa und zur Westgrenze des östlichen Bündnisses.

Damit fiel die Oberhoheit an dieser Trennlinie der Systeme den jeweiligen Führungsmächten zu. Nicht die BRD und die DDR, sondern Washington und Moskau diktierten im Wesentlichen die Bedingungen. Wie das

Grenzregime gestaltet, wer wo was zu tun und zu unterlassen hatte.

Berlin, auf dem Territorium der DDR gelegen, war ein heikler Sonderfall: Dort saßen die vier Mächte und achteten darauf, dass die Stadt – in der es keine Grenze zwischen den Sektoren gab – weder von der einen noch von der anderen Seite regiert werden durfte. Und nach Westberlin durften auf drei Trassen nur die Flugzeuge der Siegermächte verkehren. Unkontrolliert von deutschen Behörden.

Unproblematisch hingegen war es auf der Erde. Mit einem Ticket für 20 Pfennig gelangte man mit der S-Bahn von Ost- nach Westberlin und umgekehrt. Als DDR-Bürger bekam man, so man es wünschte, im Westen sofort einen westdeutschen Pass, denn die BRD maßte sich an, für alle Deutschen zu sprechen. Auch für die in Polen, der ČSSR und in der Sowjetunion lebenden. Bonn überzog entsprechend seiner Hallstein-Doktrin sogar Drittstaaten mit Sanktionen, sofern diese – im Unterschied zur BRD – die DDR und die Pässe ihrer Bürger anerkannten.

Das führte zu zusätzlichen Spannungen, die im Juni 1961 die Staatschefs der beiden Großmächte in Wien bei ihrem ersten Gipfeltreffen zu beheben hofften. Chruschtschow und Kennedy einigten sich jedoch nur darauf, dass die Rechte der Westmächte in Westberlin nicht angetastet, ihr Zugang zur einstigen Reichshauptstadt nicht behindert und die Sicherheit der Westberliner durch sie geschützt werden durften. Dadurch blieb das grundsätzliche Problem – das der offenen Grenze zwischen Ost- und Westberlin – ungelöst, worauf Moskau Anfang August entschied, diese Grenze zu schließen und eine Mauer rund um Westberlin zu errichten. Die am 13. August 1961 getroffenen Maßnahmen wurden als Bündnisentscheidung deklariert. Das waren sie auch, denn alle Staaten des Warschauer Vertrages stimmten zu. Auch die DDR.

Aber es war eben nicht DDR und schon gar nicht Walter Ulbricht, der den Mauerbau befahl.

Und es waren eben nicht die Kommunisten allein, die Deutschland und Europa geteilt haben, was wahrheitswidrig seither behauptet wird. Der Mauerbau und seine Konsequenzen waren die Folge der Politik beider Seiten. Die Logik des Kalten Krieges erzwang Aktion und Reaktion, auf die Provokation der einen folgte die der anderen Seite. Ich gehörte damals der Leitung der Berliner SED-Organisation an und weiß, worüber ich rede. Nicht jeder Schritt war von Vernunft diktiert.

Erst die Einsicht, dass zwischen den beiden Blöcken ein militärstrategisches Gleichgewicht bestünde, führte zur Entspannung. Beide Seiten wussten: Schieße ich als Erster, sterbe ich als Zweiter. Die Möglichkeit wechselseitiger Vernichtung führte zur Einsicht, dass man sich arrangieren müsse, um friedlich miteinander zu existieren. Das führte erstmals in der Geschichte zur Schaffung eines Systems kollektiver Sicherheit, geknüpft durch eine Vielzahl bilateraler und multilateraler Verträge.

Die Krönung dieser globalen diplomatischer Anstrengungen war die Konferenz für Sicherheit und Zuammenarbeit in Europa, deren Schlussdokument 1975 von Staats- und Regierungschefs der 33 Staaten des Kontinents sowie der USA und Kanadas in Helsinki unterzeichnet wurde.

Dieses in Jahrzehnten entstandene Netzwerk vertrauensbildender Abkommen und Vereinbarungen überstand viele Belastungen – selbst den Untergang des Ostblocks. Der gegenwärtig in Washington herrschende Präsident und die ihn stützenden Kräfte vermochten es allerdings, dieses System binnen zweier Jahre zu liquidieren. Seither bestimmen wieder Argwohn und Misstrauen die Weltpolitik und es wird, wenn überhaupt, Jahrzehnte brauchen, um dieses Vertrauen wieder herzustellen.

Wir lernten in der Folgezeit nicht nur mit der Bombe zu leben, sondern auch mit der Mauer. Beide aber sollten verschwinden. Das war nicht nur der Wunsch vieler Menschen im Westen, sondern auch im Osten. Honecker nannte die Raketen, die auf deutschem Territorium stationiert und mit Atomsprengköpfen bestückt waren, »Teufelszeug« und verlangte ihren Abzug. In dieser Hinsicht war er sich mit Bundeskanzler Kohl einig. Sie erklärten am 12. März 1985 in Moskau gemeinsam, dass »die Unverletzlichkeit der Grenzen und die Achtung der territorialen Integrität und Souveränität der Staaten in Europa in ihren gegenwärtigen Grenzen« eine »grundlegende Bedingungen für den Frieden« seien. Und: »Von deutschem Boden darf nie wieder Krieg, von deutschem Boden muss Frieden ausgehen.«

Honecker, der zwei Jahre später als Staatsgast die Bundesrepublik bereiste, wollte durchaus auch die

Mauer durchlässiger machen. Er war zwar beim Abendessen mit Kohl in Bad Godesberg am 7. September 1987 der Auffassung, »dass Sozialismus und Kapitalismus sich ebenso wenig vereinigen lassen wie Feuer und Wasser«, womit er gewiss nicht unrecht hatte. Doch in Neunkirchen im Saarland meinte er Tage später, dass man auf einen Zustand hinarbeiten wolle, dass die Verhältnisse an dieser Grenze so sein würden wie die an der Grenze zu Polen oder zur Tschechoslowakei.

Nun will ich Honecker nicht zum Heiligen machen. Es gibt reichlich Gründe, ihn auch kritisch zu beurteilen. Aber was wahr ist, sollte auch als historische Wahrheit zur Kenntnis genommen werden. Wäre Honecker nicht am 29. Mai vor 25 Jahren in Chile verstorben, sondern vielleicht schon sechs, sieben Jahre früher und zwar im Amte, dann wäre halb Bonn nach Berlin geeilt, um dem ostdeutschen Staatsmann die letzte Ehre zu erweisen. Erst als er gestürzt und die DDR zu Grabe getragen waren, wurde er zu jenem Schuft erklärt, als der er heute öffentlich geschmäht wird.

Ganz nebenbei: Als der Wehrmacht-Leutnant Helmut Schmidt – dem wiederholt eine »einwandfreie nationalsozialistische Haltung« von seinen Vorgesetzten attestiert wurde –Leningrad belagerte und in jener Zeit mit dem Eisernen Kreuz 2. Klasse ausgezeichnet wurde, saß Honecker im faschistischen Zuchthaus Brandenburg-Görden. Dort saß er ganze zehn Jahre für seine antifaschistische Gesinnung ein. Schmidt wurde später Bundeskanzler, Honecker Staats- und Parteichef. Schmidt ist heute ein Denkmal und sein Wohnhaus in

Hamburg Museum, Honecker hat nicht einmal ein Grab in Deutschland. Wogegen ich im Übrigen auch bin. Denn ich fürchte, dass es nicht sicher wäre angesichts der üblen Nachrede, die er seit seinem Abgang von der politischen Bühne erfährt.

Das alles gehört in Erinnerung gerufen, wenn wir über den 9. November 1989 reden. Denn der sogenannte Mauerfall hat eine Vor- und nicht nur eine Nachgeschichte. Außerdem fiel die Mauer erst 1990, als die Bagger und Mauerspechte kamen. An jenem 9. November öffnete die DDR Grenzübergangsstellen, und sie tat dies, weil a) einer aus der Führung auf einer Pressekonferenz fahrig und unkonzentriert die Sperrfrist übersah, die der Reiseverordnung beigegeben war, und weil b) diese Meldung übers Westfernsehen sogleich über die Mauer flog und viele DDR-Bürger an Grenzübergänge lockte. Sie wollten sehen, ob Schabowskis »sofort, unverzüglich« auch zuträfe.

Und nun tritt ein Moment hinzu, das für die Moral und den Anstand der DDR-Grenzer spricht. Nicht einer griff zur Waffe. Sie taten in dieser Minute das einzig Richtige, weil Vernünftige: Sie öffneten die Übergänge.

Warum gab es in der DDR keine bürgerkriegsähnlichen Zustände wie etwa in anderen Staaten, in denen ebenfalls das sozialistische System sowjetischer Prägung implodierte? Warum blieb alles friedlich, floss kein Blut? Der Staat besaß das Gewaltmonopol, er hatte die Waffen – die Demonstranten Kerzen.

Die sozialistische Staatsmacht kapitulierte nicht vor Kerzen und Friedensgebeten, sondern vor der Einsicht, dass man nicht auf das eigene Volk schießen darf. Solche Skrupel waren zum Beispiel der sozialdemokratischen Führung fremd, die die Novemberrevolution 1918 an die Macht gebracht hatte. Die schlossen einen Pakt mit den kaiserlichen Militärs und ließen auf Menschen wie auf Hasen schießen. Nicht nur auf Rosa Luxemburg und Karl Liebknecht.

Und später, als die Rechten marschierten, vermieden diese Sozialdemokraten den Schulterschluss mit den Linken. Auf ihre 94 Nein-Stimmen gegen das Ermächtigungsgesetz der Nazis am 24. März 1933 sind sie mit allem Recht stolz. Sie waren die Einzigen, die im Reichstag gegen die Entmündigung der Parlamentarier und des Parlaments, gegen die Abschaffung der Demokratie und die Errichtung der faschistischen Diktatur stimmten.

Die 81 Abgeordneten der KPD, die gesamte Fraktion, konnten es nicht mehr: Diese Abgeordneten waren bereits verhaftet oder auf der Flucht wie eben auch 26 SPD-Parlamentarier.

Der Bruderkrieg im linken Spektrum hatte die Nazidiktatur möglich gemacht, weshalb der Umkehrschluss lautete: Wir brauchen die Einheit, um Wiederholung zu verhindern! Sie wurde im Osten auf der Parteiebene vollzogen und im Westen aktiv verhindert. Die Sozialistische Einheitspartei sollte die Geschicke der DDR bis 1989 leiten. Ich war, wie es immer heißt, der letzte Ministerpräsident der SED. Mein Nachfolger Lothar de Maizière kam von der CDU und verantwortete den Beitritt.

*Der letzte Ministerpräsident der SED, Hans Modrow,
und der letzte SED-Generalsekretär, Egon Krenz, im
Büro ihres Verlegers, 15. August 2019*

Die staatliche Vereinigung der beiden Staaten wurde
weder in Bonn noch in Berlin beschlossen. Sie wurde
auch nicht vom Volk der DDR erzwungen. Die Mehrheit jener, die im Herbst '89 demonstrierten – darunter
nicht wenige der etwa 2,3 Millionen Mitglieder der
SED –, wollten eine andere, eine bessere, eine sozialistische DDR. Erst später wurde aus dem Ruf »Wir sind
das Volk!« die Parole »Wir sind *ein* Volk!«

Mit dem Ruf »Wir sind das Volk!« stellte der Souverän klar, wer laut Verfassung das Sagen im Lande
hatte. Die andere Parole wurde gewissermaßen von

außen hereingetragen. Aus der von mir angedachten Vertragsgemeinschaft mit der Bundesrepublik wurde nichts. Bundeskanzler Kohl präsentierte am 28. November 1989 einen Zehn-Punkte-Plan, mit dem er ein »Selbstbestimmungsrecht der Deutschen« einforderte. Diesen Fahrplan hatte er mit US-Präsident Bush abgestimmt, sonst mit niemandem. Gorbatschow fühlte sich übergangen, die deutsche Teilung war für ihn ein Ergebnis der Geschichte. Aber Kohl hielt sich nicht an seine eigene Zusage, die er 1985 gemeinsam mit Honecker gemacht hatte: Die Unverletzlichkeit der Grenzen und die Achtung der territorialen Integrität und Souveränität der Staaten in Europa in ihren gegenwärtigen Grenzen sind eine grundlegende Bedingungen für den Frieden. Damit war auch die Souveränität der DDR und ihre territoriale Integrität gemeint.

Die Gefahr von Kohls Fahrplan wurde in Moskau sehr wohl erkannt. Der sowjetische Außenminister Schewardnadse ließ seinen Kollegen Genscher wissen: »Nicht einmal Hitler hat sich Derartiges erlaubt!«

Ende Januar 1990 war ich bei Michail Gorbatschow und präsentierte ihm mein Konzept, das ich unter eine Zeile aus unserer Nationalhymne von 1949 gestellt hatte: Deutschland, einig Vaterland. In einem Vierstufenplan sollte die Einheit über eine Vertragsgemeinschaft mit konföderativen Elementen, die Bildung einer Konföderation von DDR und BRD mit gemeinsamen Organen, die Übertragung von Souveränitätsrechten beider Staaten an Machtorgane der Konföderation und schließlich die Bildung eines einheitlichen deutschen Staates in Form einer Deutschen Föderation oder eines Deutschen Bundes durch Wahlen erfolgen. Diesen Plan stellte ich am 1. Februar 1990 auf einer Pressekonferenz in Berlin vor.

Allerdings hatten sowohl Gorbatschow und Kohl andere Pläne. Kohl reiste mit »Bimbes« nach Moskau, versprach der Sowjetunion Nahrungsmittelhilfen von 220 Millionen D-Mark, um die Moskau nachgesucht hatte, und bekam dort einen Freifahrtschein.

Am 10. Februar erklärte der Bundeskanzler vor der Presse in der sowjetischen Hauptstadt: »Ich habe heute Abend an alle Deutschen eine einzige Botschaft zu übermitteln. Generalsekretär Gorbatschow und ich stimmen darin überein, dass es das alleinige Recht des deutschen Volkes ist, die Entscheidung zu treffen, ob es in einem Staat zusammenleben will.«

Das deutsche Volk wurde nicht gefragt. Die Entscheidungen wurden in Bonn und in Washington getroffen, die Widerstände in London und Paris, wo man gegen eine Vereinigung war, wurden ausgeräumt. Moskau konnte und wollte sich nicht mehr widersetzen: Das Land lag wirtschaftlich danieder, die Strategie der USA, die UdSSR totzurüsten, war erfolgreich gewesen. Wie eben auch die Nachkriegsstrategie der USA in Europa aufgegangen ist. Sie bestand aus zwei Prämissen: Erstens wollten sie sich dauerhaft in Europa festsetzen, zweitens die Sowjets aus Zentraleuropa verdrängen. 1994 zogen die letzten russischen Soldaten aus Deutschland ab.

Die Amerikaner sind noch immer da.

Im Fliegerhorst Büchel in Rheinland-Pfalz lagern noch immer Nuklearwaffen.

Die NATO steht inzwischen an der russischen Grenze.

Die USA haben wichtige Rüstungsbegrenzungsverträge mit den Russen aufgekündigt.

Washington droht selbst Verbündeten mit Sanktionen, wenn diese die Boykottmaßnahmen gegen Russland unterlaufen.

Die EU steht in Nibelungentreue fest zu den USA. Die Chance zu einer eigenständigen Politik, die eine Emanzipation von den USA zwingend voraussetzt, wurde bis dato nicht genutzt.

Deutschland verhält sich so wenig souverän wie vor 1989 unter den Bedingungen der Zweistaatlichkeit.

1999 beteiligte sich die Bundesrepublik erstmals seit 1945 an einem Angriffskrieg – den der NATO in Jugoslawien. Aktuell ist die Bundeswehr in dreizehn Staaten und Regionen in sogenannten Friedensmissionen unterwegs.

Und innenpolitisch? Sind wir inzwischen »ein Volk«? Wir haben die staatliche, jedoch keine innere Einheit. In dreißig Jahren wurde es nicht geschafft, den inneren Frieden herzustellen. Die Lebensbedingungen in West und Ost sind verschieden. Nachdem man jahrelang dafür die SED und die »marode Wirtschaft« der DDR verantwortlich machte, kommt man inzwischen nicht umhin einzugestehen, dass bei der Vereinigung Fehler gemacht worden seien. Das Wort von der Kolonisierung macht die Runde. Wichtige Funktionen in Politik, Verwaltung, Wirtschaft und Wissenschaft werden unverändert von Westdeutschen besetzt, und diese ziehen wiederum ihresgleichen nach. Obgleich die Arbeitslosigkeit im Osten so niedrig ist wie seit 1990 nicht, es spürbare Bemühungen gibt, Renten und Gehälter dem Westniveau anzunähern, bleibt immer noch eine bemerkenswerte Differenz. Nach dreißig Jahren!

Es ist auch weniger die soziale Ungerechtigkeit, die die Menschen im Osten bedrückt. Es ist die ungebrochene Vormundschaft, die über sie ausgeübt wird. Ihnen wird ihre Vergangenheit interpretiert, vorgeschrieben, gedeutet. In letzter Konsequenz ist es eine fortgesetzte Entmündigung. Der Vertrauensverlust in die Institutionen des Staates – Parteien eingeschlossen – ist so niedrig wie nie. Die Stunde der braunen Rattenfänger ist da. Faschisten saßen schon immer im Bundestag. Noch nie aber mit einer eigenen Fraktion ...

Der Historiker in Heyms Roman »Der König David Bericht«, der mit der »richtigen« Geschichtsschreibung beauftragt wurde, hieß Ethan ben Hoshaja. In Erinnerung an diesen Mann und seine Mission kann ich nur sagen: So lange die deutschen Ethans das Monopol auf die DDR-Geschichte, auf die Deutung von Mauerbau und Mauerfall besitzen, werden sich die Ostdeutschen bevormundet fühlen.

Auch deshalb bin ich Ihnen dankbar, dass Sie mir Gelegenheit gaben, hier heute zu sprechen. In Zürich, in der Schweiz.

Eine solche Einladung habe ich bisher von keiner deutschen Universität oder Fachhochschule erhalten. Und es gibt weit über dreihundert davon.

Muss ich noch mehr sagen?

Vor dem Haus in der Zürcher Spiegelgasse, in dem der »Führer der russischen Revolution« ein reichliches Jahr lebte, 17. April 2019

Mit Hans M.
bei Hans W. in Zürich

Von Frank Schumann,
in: Ossietzky *11/2019*

In Zürich sind die Erinnerungstafeln jünger als die Häuser, an denen sie hängen. Eine in der Spiegelgasse vielleicht ausgenommen. Im Haus daneben, in der Nr. 12, starb 1837 Georg Büchner. Und in der Nr. 11 lebte Lavater, der 1775 von Goethe in diesem Domizil besucht worden war. Alles sehr alte Immobilien. Bei der Nr. 14 liest man zwischen den Fensterreihen der zweiten und dritten Etage in Versalien: »Hier wohnte v. 21. Febr. 1916 bis 2. April 1917 Lenin, der Führer der russischen Revolution.« Das Haus ist, ohne dass man es erkennt, ein Neubau aus den 1970er Jahren.

Die Stadt hatte zuvor das historische Objekt erworben und unter Denkmalschutz gestellt, dann aber entsetzt bemerkt, dass es nicht zu retten war. Über die Bleibe hatte die Krupskaja seinerzeit geschrieben: »Zwar war unser Haus hell, aber seine Fenster gingen auf den Hof hinaus, in dem es fürchterlich roch, weil sich dort eine Wurstfabrik befand. Nur spät nachts konnten wir die Fenster öffnen.« Das erklärt manches …

Die Sozialdemokratische Partei hatte nach den Wahlen 1928 mit fünf Sitzen im Stadtrat die Mehrheit und auch den Stadtpräsidenten gestellt – drei Monate später hing diese Tafel in der Spiegelgasse 14. Daraufhin klagte der Eigentümer, weil nach seiner Überzeugung das Haus dadurch eine Wertminderung erfahren würde. Die *Neue Zürcher Zeitung* (NZZ) schrieb damals, dass der Stadtrat Verhandlungen »über eine angemessene Entschädigung für die Belassung der Tafel eingeleitet« habe. Was daraus wurde, ist nicht bekannt. Nur eben, dass sie noch immer hängt. Aber an einem neuen Haus.

Von hier gelangt man in wenigen Minuten zum Zähringerplatz, wo sich wuchtig neben einer Kirche die Zentralbibliothek erhebt. Dort hatte Lenin in jenem Jahr alles studiert, was ihm in die Finger kam: von Reiseführern über Untersuchungen zur Fleischversorgung des Deutschen Reiches bis hin zu Abhandlungen zu Themen wie »Höhenklima und Bergwanderungen in ihrer Wirkung auf den Menschen«. In den 1940er Jahren sei ein Ausleihschein von ihm verschwunden, der dann aber aus einem Antiquariat zurückgekauft wurde und nun in einem Tresor des Stadtarchivs liegen soll.

Das spricht für eine beachtliche Zuneigung, obwohl Lenin selbst von den hiesigen Sozialdemokraten nicht viel hielt. »Der Magistrat von Zürich besteht aus neun Mitgliedern, von ihnen sind vier Sozialdemokraten«, schrieb er 1917. Es handele sich um »friedliche Spießer, Opportunisten, die sich an den parlamentarischen Kleinkram gewöhnt haben und mit konstitutionell-demokratischen Illusionen belastet sind«.

Aber eben jene friedlichen Spießer stifteten ihm zehn Jahre später diese Tafel in der Spiegelgasse.

Zürich ist offenkundig ein ziemlich tolerantes Pflaster. Das bekam auch unlängst Hans Modrow zu spüren. Die Universität, konkret das dortige Europa-Institut, hatte den Ex-Ministerpräsidenten eingeladen, damit er etwas über die Ereignisse in der DDR 1989 berichtete und über die Folgen, die sich aus der Herstellung der staatlichen Einheit in Deutschland ergaben. Man wolle sich ein eigenes Bild machen, hieß es, weshalb beispielsweise auch schon Gregor Gysi und Egon Krenz hier waren.

Der Institutsdirektor informierte beim Begrüßungsempfang – hier Apéro geheißen –, dass die Universität mit rund 25.000 Studierenden und fast 10.000 Mitarbeitern nicht nur die größte der Schweiz, sondern wohl europaweit auch die einzige sei, die nicht von Potentaten und Kirchenfürsten, sondern per Volksentscheid gegründet worden war. 1832 habe ein solches Quorum den Regierungsrat des Kantons zur Konstituierung einer Alma Mater veranlasst. Und Modrow konnte hinzufügen, dass bislang keine der über dreihundert Universitäten und Hochschulen in Deutschland den Mut besessen habe, den letzten SED-Ministerpräsidenten zu einem Vortrag einzuladen. Also gleich zwei Alleinstellungsmerkmale.

Die viereckige grüne Kupferkuppel überm Hauptgebäude thront gleichsam über der Stadt und ist von nahezu allen Plätzen zu sehen. Einstein war hier Dozent, und Churchill hielt nach dem Krieg eine Rede, die Außenminister Armeniens und der Türkei unterzeichneten die Aufnahme diplomatischer Beziehungen. Dem feierlichen Akt 2009 wohnten die Außenminister Russlands und der USA, Lawrow und Clinton, bei. In diesen Mauern wurde also nicht nur Wissenschaftsgeschichte geschrieben. Aber auch. Die Uni brachte zwölf Nobelpreisträger hervor, das heißt, diese hatten entweder in Zürich studiert oder gelehrt.

Das zu wissen war nicht erheblich, wohl aber illustriert es den Kontext, in welchem der 91-jährige Hans Modrow sprach. Der Hörsaal mit mehr als zweihundert Sitzplätzen langte nicht, um alle neugierigen Zuhörer aufzunehmen, es musste ein zweiter Saal geöffnet werden, in welchen dann Modrows Rede übertragen wurde. Auch dieser Raum war gut gefüllt. Mehr Zuhörer, als seinerzeit zu Gysi gekommen seien, konstatierte der Institutsdirektor beglückt, ohne damit vorsätzlich die Eitelkeit des Referenten bedienen zu wollen.

Das Publikum: ein paritätische Mischung aus Alten und Jungen, aufmerksam und interessiert, seine Fragen so höflich wie die Reaktionen auf Antworten, die nicht – wie sagt man? – auf den Punkt kamen. Es waren nicht nur Fans erschienen, die anschließend ein Autogramm erbaten. Aber tolerant waren sie alle. Wir befanden uns schließlich in der Schweiz.

Danach gab es bei einem exzellenten Italiener ein mehrgängiges Essen, an dem ein Dutzend geladene Akademiker, Wirtschaftsleute und Politiker teilnahmen. Der Direktor des Europa-Instituts, ein freundlicher, witziger Professor mit raspelkurzen Haaren und modischer Brille, brachte uns noch bis zum Hotel. Wir kamen plaudernd an eben jener Bibliothek vorbei, und er berichtete, dass er in jungen Jahren eine Person getroffen habe, die mit Lenin angeblich im Lesesaal gesessen hatte. Lenin sei von diesem als Workaholic, aber auch als ein ziemlich finster dreinblickender, übellauniger Mensch beschrieben worden. Jeden Tag sei er pünktlich zur Öffnung des Hauses erschienen und habe bis zur letzten Minute lesend und schreibend auf seinem Stuhl gesessen. Mag sein, dass es so war, vielleicht aber verhält es sich wie mit vielen anderen Überlieferungen: Im Laufe der Jahre werden sie immer länger, detaillierter und auch skurriler.

Modrow und mir blieb noch ein wenig Zeit zwischen einem Gespräch mit Politikern und einem Interview mit dem *SRF*-Hörfunk. Ein Nationalrat, wie hier die Abgeordneten des eidgenössischen Parlaments heißen, und dessen wissenschaftlicher Mitarbeiter hatten um das Treffen gebeten. Die beiden jungen Sozialdemokraten zeigten sich als sehr gut informierte Menschen, die die politischen Verhältnisse in Deutschland aufmerksam und kritisch verfolgten – im Übrigen auch in der Tageszeitung *junge Welt* –, und richteten entsprechende Fragen an Modrow, um Hintergründe und Zusammenhänge zu erfahren.

Nun zogen wir durch die verwinkelten Straßen und Gässchen der Altstadt, es ging hinab und hinauf und der Atem bisweilen kurz. Wir schauten in der Spiegelgasse vorbei und landeten schließlich im Fraumünster unten an der Limmat. Im Chorraum aus dem 13. Jahrhundert verweilten wir geraume Zeit und bestaunten sitzend die farbigen Glasfenster von Marc Chagall aus dem 20. Jahrhundert, schmal und hoch aufragend, ein Feuerwerk für die Sinne und Vexierbilder zugleich. Mehr für den Unkundigen als für den Bibelkenner. Dafür müsse man sich nicht entschuldigen, meinte ich auf Modrows Einwand. Dann, im Seitenschiff, noch Giacomettis »Himmlisches Paradies« betrachtet, ein Glasgemälde von 27 Quadratmetern – eingesetzt im September 1945. Eine Komposition von dichten, kraftvoll leuchtenden Farben mit Gottvater und Jesus, Propheten und Evangelisten und betenden Engeln auf den Knien.

Hinaus ins Freie und über die Limmat, vorbei am Reiterstandbild von Hans Waldmann, ausgangs des 15. Jahrhunderts Bürgermeister der Schweizer Reichs-

Unterwegs in Zürich, auf der Brücke über die Limmat. Rechts das Reiterstandbild von Hans Waldmann, jenseits des Flusses das Großmünster mit Kirchenfenstern von Alberto Giacometti, dem Schweizer Bildhauer

stadt Zürich im Heiligen Römischen Reich und als Despot nach einem Schnellverfahren am 6. April 1489 enthauptet. Seine Grabplatte ist im Fraumünster, sein Ruf bis heute umstritten. Die einen sprechen von Justizmord, die anderen von Gerechtigkeit. 1937 wurde diese Plastik errichtet – gegossen aus der Bronze italienischer U-Boote. Und auf dem Sockel steht »Feldherr und Staatsmann«. Hans M. amüsierte sich sichtlich über Hans W. und meinte: »Wir Hänse ziehen durch die Welt und haben selten Glück ...«

Im Großmünster mit den beiden Türmen jenseits des Flusses musterten wir ein weiteres Kirchenfenster von Giacometti, und als ich Modrow vorschlug, nun auch noch ins Volkshaus zu eilen, schaute er nur auf die Uhr. Nee, nicht mehr heute. Dabei lohnte der Besuch des ersten alkoholfreien Volkshauses der Schweiz am Helvetiaplatz noch aus einem anderen Grunde. Dort hatte Lenin am 9. Januar 1917 auf einer Veranstaltung der sozialistischen Arbeiterjugend eine Rede gehalten, woran seit 1970 eine Tafel erinnert. Mitten im Krieg referierte er über die 1905er-Revolution. Und sollte sich dabei gewaltig täuschen: »Europa ist schwanger mit der Revolution«, sagte er dort vor zumeist studentischem Publikum. »Wir, die Alten, werden vielleicht die entscheidenden Kämpfe dieser kommenden Revolution nicht erleben.«

Aber vielleicht irrte nicht Lenin, sondern wir gehen fehl. Die Phase, die vor dreißig Jahren endete, war eventuell nur eine Vorstufe. Der eigentliche Umbruch steht erst noch ins Haus.

Bildnachweis

Robert Allertz S. 10, 12, 17, 18, 22, 29, 30, 56, 68, 80, 87, 105, 119, 127, 132, 138 und Rücktitel;
Rudolf Denner S. 41, 44, 79;
privat S. 62, 64, 67, 70, 71, 75, 77, 81, 82, 83, 92, 94;
Vera Rüttimann S. 52, 53, 105, 106, 108, 109, 113

verlag am park –
eine Marke der edition ost

ISBN 978-3-89793-374-3

1. Auflage 2023
© verlag am park in der edition ost Verlag und Agenrur GmbH, Berlin

Umschlaggestaltung: Unter Verwendung eines Fotos von Robert
Allertz vom 16. Februar 2020
Satz: edition ost
Druck: Sowa Druk, Warschau

www.eulenspiegel.com